世界大富豪列伝

20-21世紀篇

草思社

fukuda kazuya

福田和也

世界大富豪列伝　20−21世紀篇

目次

19–20世紀篇

アルフレート・クルップ／アルフレッド・ノーベル／
大倉喜八郎／ジョン・D・ロックフェラー／渋沢栄一／
ルイス・C・ティファニー／高峰譲吉／
御木本幸吉／ヘンリー・フォード／小林一三／
パブロ・ピカソ／五島慶太／ココ・シャネル／
正力松太郎／谷崎潤一郎／梅原龍三郎／
石橋正二郎／長尾よね／チャールズ・チャップリン／
遠山元一／ポール・ゲティ／山崎種二

世界大富豪列伝　20-21世紀篇

松下幸之助

Matsushita Konosuke

1894-1989

日本の金持ちで一番、金の遣い方が巧かったのは誰だろう。

人によって意見は異なるだろうが、まず指を折るべきなのは、松下幸之助ではないか。

私が、松下をして「巧い」と思うのは、松下政経塾を作った、の一点に拠っている。

なぜなら、政経塾の設立によって、自らの死後も、長期にわたって、日本の政治と経済に影響を与え続けているからである。

現在、松下政経塾出身の政治家は、衆議院議員二十三名、参議院議員九名、都道府県議会議員八名、市区町村議会議員十五名、知事二名、市長・区長・町長十一名という陣容であり、所属党派は多岐にわたるが、一大勢力であることは間違いないだろう。

しかも、政経塾は全寮制で、塾生たちは起居を共にしているわけだから、その連帯感、同志的な結合は、いまや日本社会では珍しい、濃厚かつ堅固なものになっている。

これだけの、周到さをもって、日本の将来に、確実に、持続的に影響力を及ぼすことに「成功」したのだから、やはり、松下幸之助は、稀代の人物という他ない。

もちろん、政経塾出身の政治家の資質や業績をどう評価するかは、なかなか難しい問題ではある。ただ従来、国政に参与したくてもできなかった、有志の若者を政治の舞台に立たせる、その助力をしたということが、格別な試みであることは、否定できない。

松下は、政経塾の発足にあたって、ポケットマネーから七十億を拠出した。

七十億円には、土地代は含まれていない。

茅ヶ崎にかつてあった、ナショナル学園という販売店研修の施設の土地を、松下幸之助個人が所有していた京都東山の千五百坪の土地と交換したという。

その発足にあたって、評論家の山本七平が、面白い感想を述べている。

「日本には、社会の秩序を保つのは武士の任務で町人の任にあらず、という伝統があって、町人が政治に関係することがなかった。松下幸之助さんという大阪商人が政治家を養成するのはおもしろいじゃないですか。経済的合理性を尊ぶ政治家が出来るのはいいことです」(『週刊文春』昭和五十三年九月二十八日号)

『日本人とユダヤ人』の著者らしい、諧謔に富んだコメントだが、「武士」が司るべき政治が、機能不全に陥った時に、「商人」が政治に乗り出す、という見立ては的確なものといえる。

∴

松下幸之助は、典型的な立志伝中の人物だ。

生家は豊かだったが、父、政楠が米相場に失敗し、小学校は四年までしか通えなかった。

幸之助にとって不幸だったのは、兄弟が片端から早世したことだった。長男の伊三郎は二十三歳で、次男の八郎は十七、次女の房枝は二十、三女のチヨが二十一、四女のハナが十七、五女あいが二十八。唯一人、長女のイワだけは、四十八まで生きた。

明治三十七年十一月、大阪の宮田火鉢店に奉公したのを手初めに、翌年二月、五代自転車店に入り、五年ほど勤めた後、大阪電灯の見習工に採用される。ここから電気機器と幸之助の関わりが始まるわけだ。

大正二年から、関西商工学校夜間部予科に通い、翌年、電気科に進んだが、本科は一年ほどで辞めている。本科では、授業がすべて口述筆記だったために、読み書きが不自由な幸之助はノートをとることができなかったのである。

その上、幸之助は、胸に病を抱えていた。

大阪歌舞伎座前の映画館の改装工事に従事している時、工期の遅れを取り戻すため、師走の三日間、徹夜で野外工事をした後、肺尖《はいせん》カタルを発症してしまったのである。

二十歳になる前の発病により、幸之助は、否応なく、自らの今後について、考えざるを得なくなった。

その頃の松下の姿は、「青ビョウタンという言葉が当てはまるような、ゾッとするような姿」であった、と本人が後に記している（『仕事の夢　暮しの夢』）。

満足な学歴もなく、健康は損なわれ、もとより蓄えはない……。

その絶対的な「弱者」の状況で、幸之助の本領は、発揮された。

知識に頼らず、身体を労《いたわ》り、金をあてにしない。

大阪電灯を退社した後、大正七年三月に松下電気器具製作所を創立し、所主となった。

すでに大正五年、改良ソケットの実用新案を出願しているので、電気関係の器具、部品については、自信があったのだろう。

自宅――とはいっても二畳と四畳半の二間――を工場にして、ソケット製造に挑んだが、さっぱり売れなかった。

妻のむめのは、質屋通いをして、幸之助を支えた。

ようやく、一息ついたのは、川北電気会社から、電気扇風機の碍盤《がいばん》――絶縁体――の注文を得た時だ。

碍盤には、金具を付ける必要もなく、材料は練物なので、手間も資金もかからない。

妻の弟、井植歳男《いうえとしお》――後の三洋電機社長――と二人で碍盤を製造して、なんとか納品をすませることができた。

「こうして最初の年は、ソケットの売り出しという初めての計画は失敗に終わったけれども、思わぬ碍盤の注文によって多少とも収益を上げることができ、商売を続けていくことにひとしおの自信もできて、行き詰まりも打開され、ここに改めて器具の製作考案にやや本格的にはいることができたのであった」（『私の行き方　考え方』松下幸之助）

大正七年三月、大阪市北区西野田の大開《おおひらき》町、わずか二間の松下電気器具製作所を設立して以来の、幸之助の歩みは多くの人が知るところだろう。

大正十二年に自転車ランプを売り出し、昭和に入ると「ナショナル」ブランドをたち上げ、アイロンなどの電熱部門を発足させ、四年の世界恐慌も住友銀行の融資を受けて無事乗り切り、六年には家庭用ラジオ販売を始め、八年には事業部制を導入するとともに、本社を門真《かどま》に移転させた。

十年には株式会社化して松下電器産業株式会社に改組、とその成長は目覚ましいものだった。

∴

戦前日本の大きなターニング・ポイントは、昭和十二年である。

同年六月四日に第一次近衛内閣が発足したが、その一ヵ月後の盧溝橋事件をきっかけに日華事変が勃発、八月には上海に戦火が飛火している。

政府も大本営も、小規模の軍事衝突にすぎず、短期間で終結すると予測していたが、戦火は拡大の一途をたどり、その拡大過程の中で、日本の政治、経済、文化もまた、変質していった。

松下電器もまた、国家体制が変わってゆくなか、従来の民間の需要に限らず、軍需にも対応せざるを得なくなった。

もっとも、軍需を引き受けることは、けして悪いことばかりではなかった。

たしかに、陸海軍の指導、統制を受けることは、好ましくはなかったが、支払いは確実であり、利益は十分得られた。

それ以上に重要なのは、兵器という高い精度を必要とする製品を扱うことによって、会社の技術力自体が、飛躍的に伸びたのである。

そして、この、戦線が拡大していく、世相の急変を前にしながら、松下幸之助は、一つ目の絶頂期ともいうべき、節目を迎えていた。

昭和十二年から、二年半の月日と六十万円の巨費を注いで、兵庫県西宮に自宅「光雲荘」を建てたのである。

松下幸之助は、光雲荘を、三百年間は残る建物にしたい、という抱負で建てた。

私は、一度、光雲荘を訪れたことがある。

数寄屋造りに書院造りを折衷し、茶室、洋室とあらゆるスタイルの部屋が、吟味されぬいた素材、意匠により彩られていた。

特に、照明器具は壮麗をきわめていて、電器メーカーとしての矜持を賭してという意気込みが感じられた。

アールデコ様式に則った、軍艦を象《かたど》った巨大な吊り下げ式のランプ。マホガニーの天井に、アールヌーボー風の花、葉をあしらった嵌め込み式の電器照明、笠型の磁器にした茶室の手元灯。

円状に湾曲する大きなガラス張りの談話室は、ル・コルビジェを彷彿とさせるような、モダンなデザインであるけれど、何よりも驚かされるのは、その、二メートル以上に及ぶ、深く広い軒が、一本の柱にも支えられずに、自立していたことである。

その軒の上には、当然のように、重厚な瓦が載せられている。

「三百年後」という、松下幸之助の思いの強烈さを、一番、直接に感じることができるのが、この、一本の支柱ももたない、深い、カーブを描いた軒であることは間違いない。

叩き出しと思われる赤銅の樋とその集水器は、まるでフォーミュラ1レーシングカーのような、スマートさと機能美をみせつけ、垣は、典雅を極めた竹穂による離宮垣で構成されていた。

まさしく、幸之助の思いのこもった、典雅かつ豪奢な建物だった。

けれども、実際のところ、光雲荘は「三百年」、創建当時の姿を維持することはできなかった。

平成七年一月十七日の阪神・淡路大震災により、倒壊してしまったのである。

創建から約六十年後のことであった。

その後光雲荘は、再建され、平成二十年、枚方《ひらかた》のパナソニック人材開発カンパニーの敷地内に移築された。

∴

松下は、男児に恵まれなかった。

大正十五年、唯一の男児として授かった幸一は、一歳になる前に亡くなってしまった。

光雲荘は、幸之助の後継者たる婿を迎えるための、邸宅という意味あいも帯びていた。

幸之助が、自らの婿として、白羽の矢を立てたのは、平田正治という二十九歳の青年だった。東京帝大を卒業し、当時三井銀行に勤務していた。

正治は、平田東助《とうすけ》伯爵の孫である。

平田東助は、米沢（山形県）の人。明治二年、藩命により大学南校に修学し、四年岩倉具視率いる欧州回覧に加わり、ドイツで法律、政治を学び、帰国後、内務、大蔵省に勤務した。十五年には、憲法制定のため伊藤博文の渡欧に随行、帰国後、太政官書記官、法制局参事官、枢密院書記官長、法制局長官、桂太郎内閣の農商務大臣、第二次桂内閣の内務大臣、貴族院議員、枢密顧問官を歴任している。山縣有朋系の官僚政治家として、明治、大正の政治を切り回した人物である。

その、平田東助の孫を、自らの女婿として迎えようと決断した、松下幸之助の、心中、目論見とは、一体、どのようなものだったのだろうか。

松下幸之助を語る上で、その実業家としての手腕とは別に、社会運動家としての側面を無視する訳にはいかない。

戦時中、松下幸之助は、「特攻の父」大西瀧治郎にその創意と生産技術を認められ、畑違いの海軍艦艇から、ついには飛行機までも生産する羽目になった。

もちろん、祖国の命運をかけた戦争に対して、参加し貢献するのは、近代国家の国民としては、当然のことだろう。

とはいえまた、結局、敗北してしまったという事実は強い喪失感をもたらしたし、国土と人心の荒廃は大きな衝撃と悲しみをもたらした。

たしかに、本来の事業である家庭電器製品の製造に復帰できたということは、大きな悦びだったに違いない。けれども、松下は、戦争という暗い雲が通り過ぎた後にも、電器メーカー経営者という立場からのみ、社会と関わっていた訳ではなかったのである。

∴

昭和二十一年十一月三日、日本国憲法が公布された。

アメリカ占領軍の進駐がほぼ完了した十月四日、近衛文麿国務大臣と面会したダグラス・マッカーサーは、憲法は改正しなければならないこと、改正に際しては民主主義的要素を十分に取り入れること、選挙権を拡大し、婦人と労働者にも選挙権を付与することを要求した。

けれども、結局、日本側は新しい憲法を自ら作り上げることはできなかった。GHQは、二十人程度の米軍将校と軍属を集めて新憲法を起草し、日本政府はその草案に基づいた憲法を発表した。

憲法は枢密院の諮詢《しじゅん》を経て、衆議院で二月、貴族院で一月、審議され、可決に至った。

憲法公布の日、門真の松下電器本社修養室において、PHP研究所の開所式が行われた。

参列者は、社の幹部七十人、所員は松下を筆頭に七人にすぎない。

PHPとは、松下幸之助が考案した標語で、その含意は、Peace and Happiness through Prosperity、つまり「繁栄を通して平和と幸福を実現する」、ということである。

当時、松下は、占領軍から公職追放の処分を受けていた。そのため社業に関わることができなかった。

「ヤミの時代に公定価格を守り、戦争被害者（引用者注　敗戦により軍需の支払いを踏み倒された被害者の意）としてのばく大な借金を、少しでも返そうと心がけている。しかるに働けば働くほど赤字はふえ、あまつさえ税金滞納王として公表された。自分は正しいことをしているのに、自分の力以外の作用で苦境に立たされている。なぜ人間はこんなに苦しまなければならないのか、そこから私の人間研究がはじまった。われわれは真の幸福を招来できないものだろうか。こうして私のPHPの研究がはじまった」（『社史資料No.11』「戦後5カ年のわが社」より「会長の述懐」）

松下のもっている、ある意味でのラジカルさが前面に出た言葉である。

いくらでも利益を得られる機会がありながら公定価格を墨守し、国家の求めに応じて新事業に取り組んだため追放処分を受け、その上税金を払うことができなかったために、滞納王という汚名を着せられてしまった。

なんとも理不尽な、納得のいかない処遇だと思っても、無理はないだろう。

旧約聖書のヨブさながら、という心境だったのではないか。

けれども、松下は宗教に頼ることも、イデオロギーに縋《すが》ることもなく、研究と運動に邁進した。

松下は、研究所を設立した十一月三日から年の末まで、四十三回の講演、懇親会を開いている。

まるで、総選挙前の代議士を思わせるような精力的な活動ぶりだ。

昭和二十五年までに、松下は、京都府庁、大阪府庁、住友銀行本店、関西電力、東西本願寺、名古屋刑務所などを巡り、ＰＨＰの理念を説き続けた。

ＰＨＰ研究所は、京都の本部を中心として、今日も、松下の思想の研究と普及に努めている。

∴

そして昭和五十七年、松下幸之助は突如、保守新党の結成に名乗りを上げた。

ちょうど、鈴木善幸総理が退任し、中曽根康弘、安倍晋太郎、河本敏夫、中川一郎の四人により、総裁選予備選が行われる、というタイミングである。

松下は、既存の政治家には、一切、声をかけなかった。

財界の主要な人物と連携して、財界が主導する保守新党を、造ろうというのである。

経済の分かる、商売に通じた人間こそが、国会議員になるべきだ、という信念をいよいよ実現する機会だ、と思ったのである。

松下の話に耳を傾けたのは、永野重雄ただ一人だった。

永野は当時、新日本製鐵の名誉会長であり、日本商工会議所の会頭であった。

永野から見ると、松下は中小企業経営者のアイドルだった。中小企業の経営者たちは、みな、松下幸之助にあやかりたいと思っている。その影響力を元に、日本商工連盟を作り日本の政治を正そう……。

永野も、また、松下と同様の危機感を抱いていたのである。

結論から言えば、新党計画は、結局、頓挫した。

しかし、晩年の松下の、強い、燃えるような使命感は、やはり胸を打つ。

∴

松下は平成元年四月二十九日に気管支肺炎のため、守口市の松下記念病院で亡くなった。九十四歳だった。

遺産総額は二千四百四十九億円で日本最高とされるが、そのうちの九十パーセントは松下電器グループの株式だったという。

ベーブ・ルース

George Herman "Babe" Ruth

1895-1948

「ぼくは七歳までの年月の大部分を、ボルチモア西カムデン通四二六番地にある父の酒場の上の部屋で暮した。上の部屋で暮さないときは酒場暮し、仲仕《なかし》や船員や波止場人足や港の浮浪者たちの荒々しい言葉づかいを覚えた。酒場で寝起きしないときは、近所の街路で寝起きした。ぼくは出発点からそもそも腐っていた。そしてぼくが自分の境遇に気がつくまでは長い時間がかかった」（『ベーブ・ルース物語』ボブ・コンシダイン、朝日新聞社訳）

不世出の大選手、ベーブ・ルースは、若くして伝説の存在となった人物である。

ベーブは、大リーグで七百十四本の本塁打を打ち、ワールド・シリーズで十五本のホームランを叩きだした。

そもそも彼は、ピッチャーだった。

ボストン・レッドソックスに在籍していた時には、当時随一のサウスポーとして、二十九イニング無失点という剛腕ぶりをみせつけた。

とはいえ彼の栄光は、深い翳を背負っていた。

「ぼくは両親をほとんど知っていない。ぼくは何か言訳をいったり、子供としてぼくが欠点だらけであった責任を、全部人や場所になすりつけたくない。かりにぼくがJ・ピアモント・モーガン第五世（アメリカの富豪）に生れたとしても、ぼくは手に負えなかったであろう」（同前）

兄のジョンに頼ろうとしたが、彼は若いうちに亡くなってしまった。

姉のメームはボルチモアに住んでいたが、あまり面倒をみてくれなかった。

両親は一家の生活費を稼ぐために、一日、二十時間働いて、酒場を繁盛させようと一生懸命だった。

七歳の時、両親はボルチモアのセントメリー工業学校にベーブをいれた。

この学校は、当時、感化院と同様の施設とみなされていたという。

街で拾われた孤児、不良児、放蕩児、離婚で家庭が損なわれた子供など、親が貧乏で他に教育を受ける路のない家庭の子供たちを、収容する学校だった。

ベーブは、不良児として扱われたという。

しかし、ベーブにとってセントメリーでの生活は、きわめて有意義なものとなった。

「ハーバード大学卒業生はだれでも、彼の学校を誇りとするように、ぼくはセント・メリーを誇りとしている。そして少し乱暴のようだが、その悪口をいうやつの鼻柱をなぐりつけてやっ

たらさぞ気持のいいことだろうと思う」（同前）

∴

そして、ついにベーブは会うべき人物に出会った。

ブラザー・マシアス。

彼は、アメリカとヨーロッパの不幸な少年たちの救援事業に奔走している、カトリック教団ザヴィエル派の教団員であった。

マシアスは身長六フィート六インチ。

体重二百五十ポンドで、筋肉質の身体をもっていた。

マシアスは、ベーブとキャッチボールをしているうちに、野球選手としての才能があることを見抜いた。

毎日時間を決め、セントメリーの広い校庭の片隅で、バットでベーブに球を送り、手や足の使い方を丁寧に教えた。

マシアスのはからいで、ベーブは八、九歳の頃には十二歳のチームと、十二歳の時には十六歳のチームと、十六歳の時には学校の中で最も強いチームと試合をしたのだった。

マシアスは、セントメリーの最後の二シーズンの間、ベーブがなるべく野球ができるように心がけてくれた。しかし一方で、遊びの時間と仕事時間の区別をよく心得ていた。

ベーブは、球場に行くために授業をサボることはできなかったし、裁縫工場でやるべき仕事を後回しにすることもできなかった。

仕立屋は、ベーブの本職であり、二十一歳になればセントメリーを出ていかなければならなかった。

∴

だが、結局、野球が勝利した。

球界の名物男だったジャック・ダンは、ベーブに興味津々だった。

ダンは、率直に話をもちかけた。

「君のことはよく知っている。どうだい、オリオールズと契約するつもりはないかい？」

「ぼくに給料をくれるというんですか……」

ベーブは息を弾ませた。

そうだよ、とダンは言った。

まず、年俸六百ドルから始めようじゃないか……。

ベーブは、彼らが話していることが、まったく理解できなかった。

「そうだよベーブ、六百ドルから始めようじゃないか。君が立派な成績をのこしたら、もっと沢山かせげるよ」

後年、ベーブは、ニューヨーク・ヤンキースと年八万ドルで契約を結んで球界の度胆をぬいたが、セントメリーでの六百ドルが世界中の富の全てであるかのように興奮した。

∴

セントメリーを去った日、ベーブは停車場から馬車に乗った。

停車場のホームには、ほかの選手たちもいた。お互いによく知り合っている連中で、自信たっぷりに話をしていた。

ベーブに関心をもつ選手は、いなかった。

そしてそれは、どうでもいいことだった。

肝心なのは、ベーブがボルチモアから離れるということである。

汽車に乗るのも初めてだった。

列車は翌朝早くファイエットヴィルについた。

「ベーブ（赤ちゃん）」というニックネームは、オリオールズ（現在のオリオールズとは異なるマイナー球団）時代に付けられた。

世間知らずで、童顔が理由だった。

しかし、野球の実力は「赤ちゃん」ではなかった。初めての公式戦の登板でバッファロー・

バイソンズを六安打でシャットアウトし、バッティングでは四打数二安打をたたきだした。

ところがオリオールズは経営難から、その年の夏、ベーブを二人の選手とともに三万ドルで、レッドソックスにトレードすることになった。ベーブにとっては幸運な話で、プロ入り数ヵ月で、メジャーリーグ入りを果たしたのである。

五年後の一九一九年から、ベーブのホームランの量産が始まった。

前年の十一本から突如二十九本をかっとばし、翌年ニューヨーク・ヤンキースに移籍すると、今度は五十四本。

当時の野球において、ホームランは今のように華やかなものとして扱われてはいなかった。球場がせまかったこともあり、足の遅い選手が選ぶ手段とみなされていたのである。

しかし、ベーブの放つ豪快なホームランはそれまでのホームランのイメージを覆し、観客を完全に魅了した。しかもその頃、ワールド・シリーズの八百長事件で球場から遠ざかりつつあったファンを、ベーブのホームランが呼び戻したのである。

∴

大選手になり、高い年俸を稼ぐようになっても、ベーブの精神は子供のままだった。

ベーブの大食いは有名だ。遠征中のホテルで夜中に、クラブハウスサンド六人前、豚のナックル一皿、ビール大ジョッキ十一杯を平らげたこともあったという。

肥満のため体調を壊し、トレーニングと食事制限に励んだが、常に胸囲よりも胴囲が大きい体形だった。現在のヤンキースの縦縞のユニフォームは、ベーブを少しでも細く見せるためのデザインであったといわれている。

女性とのトラブルは頻繁で、金にもだらしなかった。

一九二〇年から二一年にかけてキューバを旅した時には、競馬で三万五千ドルをすった。同じ時期、自分が主演の映画を作る話に、さらに三万五千ドルを投資したが、結局、映画は完成しなかった。

ところが、こうした不行跡もまた、ベーブの人気を押し上げた。

大衆にとっては、完全無欠のヒーローよりも、家柄もなければ、教育もなく、様々な欠点を持ちながらも、バット一本で世間に立ち向かっているベーブのほうがはるかに魅力的だったのだ。

∴

少年たちに夢を与えたことでも、ベーブの功績は大きい。

一九二〇年のシーズン終盤に近いころ、セントメリー工業学校の生徒たちは、ベーブの支援によって、ニューヨーク・ヤンキースの西部遠征に同行することができた。

試合前にはブラスバンドの演奏が行われ、ベーブ自らマイクを持ってトークを担当したという。

二六年、ワールド・シリーズが始まる前日、ベーブはある男性からの電話を受けた。

「私の息子のジョニー・シルベスターは馬から落ちて寝たきりなのです。医者はこのまま死んでしまうかもしれないと言っています。息子はあなたの大ファンです。大事な試合の前ですが、一度見舞ってやっていただけませんか」と、男性は言った。

ベーブはその場で快諾し、病院に向かった。病床のジョニーに、「どうか、明日の試合でホームランを打ってください」と頼まれたベーブは、「よし、分かった。君のためにホームランを打ってあげよう。だから君も元気を出して、ケガなんかに負けるんじゃないよ」と励ました。

翌日の試合でベーブは見事、ホームランをかっ飛ばした。

感激したジョニーは奇跡的に回復し、マスコミはこの出来事を大きく書き立てた。

∴

一九一四年、レッドソックス時代にベーブは結婚した。

相手はヘレン・ウッドフォード。馴染みのコーヒー店のウエイトレスで、給仕をしてもらっているうちに親しくなった。

ある日、コーヒーをついでくれたヘレンにベーブはプロポーズした。

「どうだい君とぼくと結婚するっていうのは？」

ヘレンは三、四分間ほど考えて、答えた。

「いいわ」

こうした伴侶の選び方も、いかにもベーブらしい。

けれど、この後のベーブの活躍と乱行は前述した通りである。

ヘレンの心は次第に離れていき、二六年には別居するにいたった。二九年一月、ヘレンは火災に遭って焼死してしまう。

同年四月、ベーブは女優でモデルのクレア・メリット・ホジソンと再婚した。

彼女について、ベーブはこう述懐している。

「クレアは今日までの長い年月ずっと忠実な妻であり、友であり、相談役であり、また仲のいい相棒であった。一九四六年から四七年へかけての冬の間のぼくの長い病院生活と病後のころとを通じて彼女はほとんどぼくの側から離れたことはなかった。彼女は波風の荒れ狂う一つの生涯の中でも最も荒れのひどい旅路の終るまで、ぼくの手を引いて連れ添うて来て並々ならぬ力添えをしてくれた」(同前)

信頼できる伴侶を得て勢いに乗るベーブの年俸は、翌年の一九三〇年には八万ドルになった。時の大統領・フーバーのそれを上回る額であった。

∴

一九三五年、ベーブは四十歳で現役を引退した。彼はヤンキースの監督になることを熱望したが、その望みがかなえられることはなく、五十三歳、喉頭がんのため永眠した。

藤山愛一郎

Fujiyama Aiichiro

1897-1985

東京都港区白金台に建つ、シェラトン都ホテル東京は敷地が広く緑の多い、都会のオアシスといった存在だ。

かつてこの土地に、藤山愛一郎の、五千坪を超える邸宅があったことを知る人はどれくらいいるのだろう。

そもそも藤山愛一郎という人物を記憶している人はどれくらいいるだろうか。

藤山愛一郎は大正期から昭和期の実業家、政治家である。

明治三十年五月二十二日、王子製紙の社宅で産声を上げた。

父は、当時王子製紙専務取締役であった藤山雷太。

この父親が名前の通り、とんでもなくエネルギッシュな人物であったのだ。

文久三（一八六三）年、佐賀県伊万里の庄屋「伊吹家」の三男として生まれ、慶應義塾で福沢諭吉の教えを受けた。

やがて大隈重信、鳩山和夫とも知遇を得、三井財閥の大番頭である中上川《なかみがわ》彦次郎の妻の妹と結婚して姻戚関係を結んだ。

こうした縁をきっかけに、藤山コンツェルンの基礎となる企業群をつくり上げる。

そうした雷太の、「これからは選挙の世の中だから、同じ発音でいろいろな字をかけるような名前は駄目だ」という配慮から、長男の名前は「愛一郎」と決まった。

この名前は彼の人生を象徴している。

『愛一郎物語』の著者、小竹即一は、著書の冒頭でこう述べている。

「ある経済雑誌で、尊敬する人物のアンケートを財界人の間で求めたことがあつた。ところが、藤山愛一郎は二位三位を断然ひきはなし、トップを占めて、まつたく独走という形であつた。／明治から現在にかけて、彼以上の富を持ち、彼以上に勢力をふるつた実業家は多いが、彼のようにあらゆる方面から好評をもつて迎えられ、しかもそれが一時的なものでない人物はめずらしい」

愛一郎はまさしく、多くの人に愛される人物であった。それは、生まれながらにして富に恵まれ、他人と争うことなく、藤山コンツェルンの後継者になることが約束されていた環境に拠るところが大きいといえよう。

∴

学習院の前身である華族女学校が赤坂見附の近所にあり、姉がその学校に通っていたことから、愛一郎は、その附属幼稚園に入った。

毎日、姉について王子から上野まで汽車に乗り、上野から人力車で通ったという。

その後、慶應幼稚舎に進んだが、府立一中の入学試験を受けた。

当時は、官学崇拝の風潮が著しく、一中、一高、帝大のコースが、学生の理想だったのだ。

ところが、試験に落第してしまった。

この落第もご愛嬌であろう。

もしも、官学コースを進んでいたら、みなから愛される愛一郎とは別の人格が形成されていたかもしれない。

愛一郎は、やむなく慶應の普通部に進学したが、普通部に入ってみると、そこは実に自由な環境で、興隆の気みなぎる、当時の社会思潮が学内になだれ込んでくるようだった。

政治、経済、学問、芸術の各分野で新しい機軸が編み出されつつあり、そうした社会の動きも自然に受け入れられていた。

そうした中、愛一郎は、これからの世の中はうまくしゃべれなくてはならないと思い、弁論部に入り、弁論大会に出場した。

芸術にも興味を持ち、展覧会にはよく足を運んだ。ゴッホ、セザンヌなど印象派の作品が紹介され始めていた頃で、この時受けた感銘が愛一郎のなかの絵画への興味を喚起し、後のコレクションへと繋がっていくのである。

∴

愛一郎は、大学に入る時、理財科を選ばずに政治科に進んだ。尊敬している高橋誠一郎先生や小泉信三先生が政治科出身ということもあった。教科の内容をみても、政治科は法律と経済を同時に勉強できるが、理財科は当時、法律を全く扱っていなかったのだ。

ところが、大学に入った年の九月に肋膜炎を患い、その後七年にわたる闘病生活を強いられることになる。

結局、大学は中退せざるを得なくなった。

健康の回復を待って欧米を外遊し、帰国した時は二十八歳になっていた。

「三井物産かどこかで見習いとして働き、サラリーマンを経験したい」と願ったが、雷太に一蹴された。「中途半端なサラリーマンの苦労を知るより最初から社長の苦労を経験しろ」と、それから約十年間は、東京フロリストをはじめ、藤山コンツェルンの会社を任されることになった。

そして昭和九年、三十六歳で大日本製糖の社長に就任し、藤山コンツェルンの頂点に立った。さらに七年後には四十三歳の若さで、日本商工会議所会頭に就任したのである。

戦後、公職追放という憂き目に遭うが、昭和二十五年には復帰し、翌年には再度会頭の職に復帰するとともに、日本航空初代会長に就任。一方で、経済同友会代表幹事などの要職にも就いた。

実業界に入ってからは、まさに挫折知らずの順風満帆の人生である。

本人も、昭和三十二年八月に『日本経済新聞』で連載された「私の履歴書」で、こう述べている。

「現在の多くの財界人がそうであるように私の一生はきわめて平穏で、これといった波乱もない。恵まれた環境のもとで平々凡々と日々を送っているうちにいつの間にか還暦を迎えたというのが実感である」

実業界を離れることがなかったら、この言葉のままの人生が死ぬまで続いたことだろう。百億円ともいわれる財産に支えられ、金の苦労などとは無縁であったに違いない。

しかし、現実はそうではなかった。

愛一郎は昭和三十二年、六十歳にして政治の世界へと転身する。

その手を引いたのが、同年に内閣総理大臣に就任した岸信介であった。

「井戸塀政治家」という言葉をご存じだろうか。

国事のために自らの財をはたいて奔走し、結局残ったのは「井戸」と「塀」だけという、今では絶滅したのではないかと思われる、殊勝な政治家のことである。

藤山愛一郎は日本における最後の「井戸塀政治家」といえるのではないだろうか。

愛一郎は、昭和十四年に岸信介が阿部信行内閣の商工次官になった頃から岸との親交が深くなり、戦後は保守合同や総裁問題などで、終始岸を支援した。

岸が初めて愛一郎に政界入りをもちかけたのは、昭和三十一年十一月。愛一郎が政府の経済査察使として中東を廻って帰ってきた時で、自民党の総裁選挙の直前であった。

「自分は自民党の総裁になり、そして総理大臣になるかもしれない。そうした場合、立派な内閣を作りたいと思っているが、特に重要な外務大臣を、君がやってくれないか」という依頼を、愛一郎は「自分は、一生、民間人として通したい、あなたには閣外から援助をしよう」と断ったという。

結局岸は総裁選で石橋湛山に敗れたので、その問題は立ち消えになった。ところが翌年二月二十二日、石橋が病気で引退を表明したため、二十五日には岸内閣が成立。再び「真剣に外務大臣としての入閣を検討してくれ」と要請してきたのだった。

周囲は猛反対した。おぼっちゃん育ちで人のいい愛一郎がドロドロの政界でどんな目に遭うのかは容易に想像できたのだろう。

しかし七月十日、愛一郎は正式に外務大臣の就任を受諾した。

岸、愛一郎ともに懇意にしている参議院議員・井野碩哉《ひろや》から強く説得されたということもあるが、これまでの恵まれた人生への御礼という意味あいもあったという。

それがどんなに甘い考えであったかということを、愛一郎は身をもって知ることとなる。

∴

外相に就任した翌日、愛一郎は自民党に入党した。

この時、愛一郎は日本商工会議所の会頭をはじめ財界の要職を兼ねており、肩書きは二百二にものぼっていた。

その全てを辞任しての政界転出だった。

外相就任の翌日、「絹のハンカチから雑巾に」という、愛一郎を評した、評論家の大宅壮一の言葉が新聞に載った。

この言葉は、たちまち世間に広がった。

就任して二ヵ月後には、ニューヨークで行われた国連総会に出席。外相として初の国際舞台に、「核実験停止決議案」をもって臨んだ。

唯一の被爆国である日本の立場を明確にし、米ソの主張の食い違いを近づけ、妥協点に達するよう配慮した演説は、「現実に即した大人の外交」として、評価された。

その後も、インドネシアとベトナムの賠償問題に取り組むなど、一年生大臣として奔走する愛一郎だったが、議席を持っていないという問題にぶつかる。

国会の中でどういう動きをしていいのか分からないうえに、二十八、九歳ぐらいから政治家になり、大臣をゴールと目指している人たちのなかで、苦労もせずに大臣の椅子を得たことに対する後ろめたさもあった。

翌年、昭和三十三年五月の衆議院議員総選挙に、愛一郎は自民党公認で神奈川第一区から出馬し、見事当選した。

この選挙から、愛一郎の政治への蕩尽が始まったのである。

保阪正康の「『藤山愛一郎』を裸にした男」(『新潮45』一九九三年十月号)によれば、愛一郎は新聞記者に、「父の財産には手をつけない。しかし父からもらった財産は私のだから、そのすべてを政治に使う」と洩らしたという。

「父からもらった財産」というのは、株、土地、家屋などで、その総額は、当時の貨幣価値で百億円をはるかに超え、百五十億から二百億円であったと推定される。

同記事によると、「すべてを政治に使う」と言いながら、実際のところは「三十億か四十億ほどだろう」と予想していたらしい。

まさか本当に全財産を失うことになるなどとは思っていなかったのだ。

∴

日米安全保障条約を改定するという考えは、そもそも愛一郎によるものだった。

昭和二十六年九月、サンフランシスコ講和会議で対日平和条約締結を強行することと引きかえに、在日米軍の占領軍として持っていた治外法権的権利、地位をそのまま認める形で日米安全保障条約の条文はつくられた。

明らかに不合理で、安保条約をめぐり各地で紛争が起きていた。選挙に当選して議席を持つ外相となった愛一郎は、安保改定は自分が外相であるうちに成し遂げなければならないと決心したのである。

岸に相談したところ、「ボクも賛成だ、やろうじゃないか」ということで、始まった。

「岸さんとしては——自分の政権のもとで国民的な懸案である安保改定をやり、『日米新時代』の実績をつくり上げる。調印にはアイクに来てもらって初の現職米大統領の訪日を実現させ日米協調体制を実証する。この成果を基礎に長期政権をねらう——そういった大きな構図の布石として、安保を考えたといっていいであろう」(『政治わが道　藤山愛一郎回想録』藤山愛一郎)

改定といっても、新条約にするのか、現行条約の修正にするのか、現行条約はそのままにして別個の付属文書で解釈を明確にするのか、という問題があった。

昭和三十三年八月一日、外相公邸でアメリカのマッカーサー大使、岸、藤山の会談が行われた。ここで岸は「新安保条約をつくりたい」とはっきりと主張した。

しかし、この安保改定が長期政権どころか、岸の命とりとなるのである。

藤山愛一郎が岸内閣の外相として入閣したのが、昭和三十二年七月、政界引退を表明したのが五十年九月。この間に果たしてどれだけの金を使ったのか――。

まずは、昭和三十三年五月の総選挙である。この選挙で愛一郎は議席を獲得したが、『政治わが道　藤山愛一郎回想録』では選挙資金について、こう記されている。

「まったくの素人だったこともあって、かなりの額を注ぎ込まねばならなかった。選挙通と自称する、いわゆる選挙ゴロのブローカーが寄ってたかって『この地区はいくら票が出るから、このくらい出しなさい』といって持っていく。（中略）選挙が終わった後でもまだ、ブローカーたちは『あなたのために、部屋を借りて運動した』などといって、部屋代や電話代、自動車賃などのツケを回してきた」

具体的にいくらとは書かれていないが、かるく一千万円は超えたのではないだろうか。大学卒の初任給が一万三千円の時代である。

選挙後、愛一郎は岸とともに日米安全保障条約改定を推進した。

昭和三十五年、岸は訪米し、新条約の調印とアイゼンハワー大統領訪日で合意。その後の安保闘争は周知の通りである。

まだ安保改定の国内調整が進んでいるさなか、当時自民党の幹事長だった川島正次郎が愛一郎の事務所を訪れ、「安保をＰＲしなければならない。カネを出してほしい」と言い、一千万円を出したら、翌週また来て「もう一千万円……」と、さらに一千万円持っていったという。

前述したが、愛一郎は政界に転出するにあたり、会社の全役職から手を引いた。このため、月収は二十分の一に減った。政治に関わる費用は全て自分の株、土地、家を売ることによって、まかなわれていたのである。

最初に手放した株は、日本ナショナル金銭登録機の株であった。愛一郎がアメリカの企業と合弁でつくった会社で、百万株近く持っていたのを、外相になって外資系会社の株を持っているのは好ましくないと、早い時点で全て手放している。

∴

岸退陣に際して後継者問題が生じ、総裁選が行われることになった。

立候補したのは、大野伴睦《ばんぼく》副総裁、石井光次郎《みつじろう》総務会長、松村謙三、池田勇人通産相と愛一郎の五人。直前に大野と松村が辞退して三人になった。

愛一郎が立候補したのは岸の進言があったからで、そのため岸に「渡すべきものは渡した」のだが、そのたった二日後に、「党内をまとめるために降りてくれ」と言われる。

結局愛一郎は岸の反対を押し切って立候補し、池田勇人に敗れた。

数千万円はあったと思われる、「渡したもの」は返ってはこなかった。

総裁選がきっかけとなって、党内に藤山派が誕生し、「藤友会」と名づけられた。

この派閥がまた、金喰い虫となった。

「同志の選挙の応援以外に、盆、暮れには慣例となっている『中元』『モチ代』がいる。それに、総裁選挙のときには、こちらの陣営の人たちに『活動費』を渡さなければならない。このような場合の『金一封』の単位は、最初のころの三十万円から百万円、佐藤政権になってから、そのベースが少なくとも二倍にはなった」（同前）

「『藤山愛一郎』を裸にした男」（保阪正康）によれば、藤山派と称する政治家のなかには同志のふりをしてカネをもらい、まったく動かなかった人も少なくなかったという。またそういう輩《やから》は、飲食代や芸者代など、あらゆる領収書を愛一郎のもとに送り付け、その支払いに愛一郎の金はどんどん流れていったのである。

∴

昭和三十九年、愛一郎は再び総裁選に挑んだ。今度は三選を目指す池田勇人、佐藤栄作、愛一郎三人の争いであったが、これが現在も語り継がれるほどの〝超金権選挙〟となった。

一人百万円という金一封がばらまかれ、二派から金をもらう人間は「ニッカ」、三派から金をもらう人間は「サントリー」と呼ばれた。

結果は池田が二百四十二票、佐藤が百六十票、愛一郎が七十二票だった。

この選挙に愛一郎は運動費を含めて十億円を使ったと言われている。

選挙資金調達のために、愛一郎は本邸と土地を売った。

大口の購入先は近畿日本鉄道。一万五千百平方メートルの土地と本邸で総額九億三千万円だったという。

総裁選後すぐ、秘蔵の絵画コレクションも手放すことになる。ピカソ、マティス、ルノワール、岸田劉生、梅原龍三郎、安井曾太郎などの作品を合わせ、十億円近い価値があるといわれていた。

贋物も多かったという説はあるものの、億単位で売れたことは確かだ。財界の友人たちは、自分の金を出さずに財界から集めろ、と助言したが、愛一郎はまったく聞く耳を持たなかったという。

昭和四十一年十二月の総裁選に愛一郎は、佐藤栄作に対抗して出馬したが、敗退。四十三年の総裁選では佐藤の三選を阻止しようと出馬の意志を示したが、結局立候補しなかった。この頃、藤山派はわずか六人になっていた。

五十年二月、舌癌が発見され、九月には政界引退を表明。晩年は車いす生活となり、六十年二月二十二日死去した。

最後に残ったのは、六本木のマンションと京橋の六階建てのビルのみであったという。

愛一郎は自らの政治家人生をこう振り返っている。

「自分自身で考えていた言動をすべて尽くしたわけではないとしても、ある程度までわがままを通したし、ある程度まで行動したという気がする。その意味ではこの十八年は思い出多いとともに、そうそう本質を曲げないでやってきたという満足感もある。いささかも悔いは残らない」（同前）

是川銀蔵

Korekawa Ginzo

1897-1992

是川銀蔵は、平成三年、九十三歳になって初めて『自伝　波乱を生きる』を著した。

それまでも、いくつもの版元から自伝執筆を依頼されたが、自分が自伝を書くことで多数の犠牲者が出ることを危惧していたのだ、という。

ところが、ある物書きが是川の一代記と称するものを勝手に出版してしまった。

是川は、困惑した。

「一代記」を読んだ人たちが、話を真に受けて投機に手を出し、道を過ったら大変だ……。

「そこで私は自らの人生を自らの手で綴ることにより、株で成功することは不可能に近いという事実を伝える使命があると思い、筆をとることにした」（『自伝　波乱を生きる』）

銀蔵は、兵庫県赤穂に七人兄弟の末っ子として生まれた。末っ子の銀蔵は、高等小学校まで通わせてもらったが、上の兄たちは尋常小学校止まりだった。末っ子だから、格別に遇してくれたのだろうか。

∴

十四歳で好本商会の小僧さんになった。

商会はイギリスから毛織物を輸入し、日本の手芸品を輸出する、という商いをしていた。また盲人の地位向上に努めるなど、社会事業にも熱心だったという。

商会では、朝日新聞をとっていた。新聞小説の「豊臣秀吉」を夢中になって読んだ。貧農から身を起こし、天下人になった秀吉に感奮したのである。

ところが大正三年の春、好本商会は倒産してしまった。

小僧の身ながら、倒産の惨めさを味わった。両親や兄たちは、銀蔵に新しい勤め口を探してくれた。けれど、倒産を目の当たりにした銀蔵は、一本だちを決心した。

「いくら懸命に働いても、人に使われていては会社が倒産したらまた失業だ。（中略）どうせやるならワシ一人の力でやってみよう」（同前）

いきなりこうした雄飛を思いたつのが、この時代の少年らしい。

大正三年六月、好本商会で稼いだ二十円を旅費に十六歳の銀蔵は、神戸から大連に向かった。

最終目的地は、世界経済の中心、ロンドンである。

だが、二十円の旅費は、大連に渡った時の船賃が嵩み、五円二十七銭になってしまった。

仕方なく、好本の取引先だった大連の井上商店に世話になり、ロンドンまでの旅費を稼ぐことにした。

そこで、とてつもない大事件が起きた。

六月二十八日、オーストリアのフェルディナント大公夫妻が、セルビア人学生により暗殺されたのである。

オーストリアがセルビアに宣戦すると、ドイツがロシアに宣戦し、ついでイギリスとフランスもドイツと開戦した。

第一次世界大戦の勃発である。

銀蔵は困ってしまった。

大連からシベリア鉄道で、ロンドンまで行くつもりだったのに、その沿線がすべて戦場になってしまったのである。

日本は日英同盟に従い、青島攻略を発令した。大連には、夥《おびただ》しい日本の軍兵が集結して、山東半島へ向かっている。

ロンドンには行けないが、山東で一稼ぎできないか……。それだけの思いつきで、日本軍の跡を追った。

金もなく水もなく、食べ物もない。行き倒れて、兵隊さんに助けてもらったものの、すぐに憲兵が来て、取り調べを受けた。

「お前のような奴が、匪賊になるんだ。今度、軍用船が入港するから、それに乗って帰国しろ」

けれど、銀蔵は諦めなかった。

臨時の炊事当番を仰せつかった。将校たちの宿舎に食事を運ぶのが主な仕事である。

宿舎のなかに、毎晩、夜遅くまでランプが点いているところがあった。

士官を中心にして、兵隊たちが算盤をはじいている。みな無器用で、計算が合わず、何度も同じ伝票に算盤を入れている。

銀蔵は、ひらめいた。

炊事場からコーヒーを差し入れ、話しかけた。

「みなさん、算盤に難儀されてるようですが、お手伝いいたしましょうか」

算盤に閉口していた主計少尉は、銀蔵の手際に魅了された。

「お前は、ここで計算をしてくれ。炊事当番はしなくてよろしい」

そして、ただ働きではなく、一日一円の日当をもらう身分になったのである。

心配していた強制送還は、銀蔵を重宝していた少尉が、処分を取り消してくれた。

主計の伝票整理は、半日もしないうちに済んでしまう。

「少尉殿、軍の食料は中国人から仕入れているようですが、一部、私に任せていただけないでしょうか」

さすがに少尉は、少し考えたが「自信があるならやってみろ」と言ってくれた。

さらに厚かましく、銀蔵は頼んだ。「つきましては仕入れの資金を貸していただけませんでしょうか」

「バカもの、公金だぞ」

だが、結局、資金を提供してくれた。

ところが、十六歳の子供を、中国人たちはまったく相手にしない。

銀蔵は、兵隊たちに煙草を配った。

「すみません、剣付鉄砲を持って、中国人の村に来てくれませんか」

顔見知りの兵隊たちに頼み、村に向かって進んだ。兵士を見て、村人たちは、産物を置いたまま、逃げてしまった。

銀蔵は、残された作物に値するだけの銀貨を置いて、作物を馬車に載せ兵舎に戻った。

翌日から、銀蔵は、中国人たちと対等に商いができるようになった。

十九歳で是川銀蔵は、日本にもどってきた。

中国大陸での商売は儲けも大きいが、軍や政商が相手の取引は、リスクも大きかったのである。

帰国した銀蔵が初めてチャンスを把んだのは、大正十二年九月一日、関東大震災の時だった。

当時、銀蔵は大阪にいたので、多少の揺れは感じたものの、さして気にとめることもなく昼食をとった。震災の被害を知ったのは、新聞の号外が出た時だった。

銀蔵は「ハッ」と閃いた。

トタン板と釘を買い集めよう……。

東京が、壊滅的な被害にあっているとすれば、とりあえず必要なのは建材である。それも最も一般的で、汎用にたえるトタンと釘だ。

とりあえずトタンと釘、それに焼け残った木材などを用意すれば、被災者も雨露はしのげるだろう……。

予想通り、トタンと釘、その他の建材は飛ぶように売れた。

「カネもうけをしようと思ったら、人と反対の考え方をしなきゃいかんということですよ。それと、ちょっとした機転がカネもうけの秘訣や」（『最後の相場師　是川銀蔵』木下厚）

∴

昭和二年三月十四日、片岡直温《なおはる》大蔵大臣が、国会で東京渡辺銀行が倒産した、と失言した。政友会議員からの執拗な攻撃に遭い、やや逆上した片岡は、手交されたメモを、そのまま読み上げてしまったのである。

実際には、この時点では、まだ渡辺銀行は破綻していなかったが、その報により渡辺銀行は取り付け騒ぎが起こり、休業を余儀なくされた。

渡辺銀行は、市中のさほど大きくない金融機関だったが、取り付け騒ぎが全国に拡がったため、金融機関は大きな影響を受けざるを得なかった。

銀行は取り付けの収拾につとめたが、当時、大商社だった鈴木商店と、資金を提供していた台湾銀行が資金繰りに失敗したため、金融恐慌に発展してしまった。

銀蔵が経営していた亜鉛メッキ会社も倒産してしまった。

銀蔵は考えた。

「この経済パニックは、マルクス、レーニンが説いている資本主義の崩壊現象の第一歩ではないのか」(同前)

それから三年間、毎日、大阪中之島の図書館に通って、独学で世界経済の分析に取り組んだ。

結果、銀蔵は、資本主義は崩壊せずとの確信を得た。

株式の価格変動を注視していれば、稼げる。社員も事務員もいらない。電話一本あれば、儲けられる。

かくして昭和のデイトレーダーとして是川銀蔵が誕生したのである。

銀蔵は、旧知の金田辰藤商店の支配人を訪ねて、保証金を値切った末に、新東株を手に入れた。

目論見は図にあたった。

七十円の元手が、七千円になったのである。

以後、銀蔵は、兜町の風雲児として、誰知らぬものはない存在となった。

昭和十年、銀蔵は三品相場で派手な仕手戦を繰り広げた。

綿糸、綿花、綿布の商品先物取引所があり、銀蔵は、その大舞台で、勝負を挑んだのである。

当時、大阪で有数のビルだった堂島ビルの近くに事務所を構えていたので、堂島将軍と呼ばれていた。

買い方の銀蔵に対して、売り方にまわったのが、昭和綿花の駒村資平である。

二人の一騎打ちは、数ヵ月にわたった。

結局、国際価格の上昇で、相場は急騰した。

駒村は資金が続かず、銀蔵に「解け合い」を申しいれた。

「解け合い」は、暴騰、もしくは暴落で決済が不能になった際、売買の差額を決済することである。

銀蔵は、断った。

あと、もう一歩で駒村を屈服させられる。

ところが、駒村の申し入れを断った、その翌日から、ニューヨークの綿相場が下がり始めたのである。

この仕手戦で、銀蔵は、当時の金で一万円以上の損を蒙った。

「もしも解け合いに応じていれば、三百万はもってこられただろうに……」

仲間は嘆息したが、あとの祭である。

∴

銀蔵は、数年間、証券業界から離れた。

陸軍の小磯國昭朝鮮総督や関東軍の武藤章中将の知遇を得て、朝鮮半島東部の江原道に是川製鉄株式会社を設立した。国策会社に資金供給する政府機関、産業設備営団から約三千万円を借り入れ、終戦直前には、従業員一万人を擁する製鉄会社となった。

しかし終戦で全ては終わった。

昭和二十一年、銀蔵は着の身着のまま、本土に引き揚げた。

∴

大阪に戻り、梅田にバラックを建てて闇屋を始めた。

主力商品は、トタン板と釘。

関東大震災の時と同じで、トタンも釘もよく売れた。

これからは、食糧が問題になる、と二期作を研究したり、綿の栽培事業に手をだしたが、上手くいかなかった。

昭和三十五年、是川銀蔵は証券界に、復帰した。六十三歳になっていた。

この年は、戦後日本の転換点ともいうべき年になった。

岸信介総理は、日米安保条約の改定を強行した後に退陣し、後継の池田内閣は、所得倍増計画を発表して、政治の時代から経済の時代へと日本の進路を転換した。

その政策の目玉が、いわゆる「国民所得倍増計画」であった。

実際には「所得倍増計画」は、岸とそのブレーンたちが基本的なプランを策定したものであり――満州におけるプラントの設営や、鉱工業の生産性増進などは、商工官僚だった岸が仕切ったものである――本来ならば岸が総理として采配をふるう筈であったが、安保騒動のために、その役割を果たすことができなかった。

池田は、岸がデザインしたプランを忠実に実行して、成功を収めたのである。

所得倍増計画は、さまざまな施策を含んでいたが、その中でも注目を集めたのが、全国各地に重工業のコンビナートを建設する、という計画だった。

銀蔵は、直感したという。

「地価が暴騰する」

コンビナートで働く人々は、その周辺に住むことになるだろうから。

「宅地の需要が膨らむ」

銀蔵の予測は当たった。昭和三十九年、東京オリンピックの年に、大阪府が泉北ニュータウンの建設を発表したのである。

地価は高騰した。

是川が手配していた土地は、五倍になったという。

けれど、莫大な利益を手にしながら、その心は晴れなかった。

……自分は、相場師ではないか。土地の投機で儲けることは、本意ではない。

北浜に毎日通い、下値を眺めながら、日本セメントの株を少しずつ拾った。

昭和四十七年七月、七年八ヵ月に及んだ佐藤内閣が退陣し、田中角栄が首相の座に着いた。

「日本列島改造論」を提唱した田中は、工場の全国的な再配置や高速道路網の充実、内陸工業団地の育成といった政策を推進した。

その結果、地価が三割超も高騰し、消費者物価も上昇した。

さらに第四次中東戦争が勃発し、第一次石油ショックが到来したため、インフレーションは昂進し、売り惜しみや買い占めが横行した。

空前の支持率で発足した田中内閣は、昭和四十九年七月の参議院選挙で敗北し、いわゆる保革伯仲時代を招いてしまった。

そこに止めを刺すように、ロッキード事件が暴露された。

景気の後退は著しかった。

銀蔵が注視していた日本セメントは、経常で六億三千五百万円の赤字を計上し、配当は一割二分から一割に減少していた。

例年、年度末ともなれば、公共投資や住宅建設は大車輪の様相となるはずが、財政特例法の成立が遅延した上、国鉄などの値上げ法案の不成立で、需要は停滞してしまう。

中小企業の倒産は増えるばかりだった。

銀蔵は、閃いた。

「政府は、失業対策のために、必ず梃子いれをする」

失業対策の王道は、土木事業と決まっている。そして、土木工事には、大量のセメントが必要だ……。

日本セメントは、セメントの原料となる石灰石の山を自社保有している。つまりは、原料をいくらでも供給できるのである。

「セメントは必ず暴騰する」

∴

三千万株を集めた頃、日本セメントの大阪支店長が、銀蔵を訪ねてきた。

銀蔵は、直感した。

俺のことを、乗っ取り屋だと思っているんだな。こんな買い方をしていれば、そう思われるのも仕方がない。

銀蔵は、丁寧に説明した。

「私が、御社の株を買っているのは、御社が景気回復に必要なセメントを作っておられるからです。土木事業が拡大すれば、セメントの需要は、増大するでしょう。そうなれば株価は上がります。私は、株価の上昇を期待しているだけで、大株主になりたいとか、経営に口を挟むといったことは、いっさいいたしません」

社長に、その旨、よろしく伝えてもらいたい……。支店長は、納得したようだった。

「しかし、私には、弊社の株が高騰するなんて、とても思えないのですが」

支店長は、内部の事情を知悉しているがゆえにこそ、銀蔵の言葉を信じることができないのだった。

数日後、日本セメントの原島保社長から、メッセージが届いた。

「是非、上京して、話を聞かせていただきたい」

銀蔵は、大手町の日本セメント本社に赴いた。懇切に、銀蔵は説明した。

政府が大型補正予算を組むのは時間の問題であること、公共事業が始まるとセメントの需要が拡大すること、そして自分は株の値上がりにしか関心がないこと。

「景気が回復すれば、株価は六百円になるでしょう」

そんなことはありえない……社長以下、重役たちの顔は語っていた。

しかし、銀蔵の読みは当たった。

その後間もなく大型補正予算が組まれてセメント業界の業績は急回復し、株価も順調に上昇して、銀蔵は三十億円の儲けを手にしたのだった。

∴

平成四年九月十二日、是川銀蔵は、一宮の老人保健施設で息を引き取った。
最晩年は、波乱に充ちていた。
滞納した税額は個人と投資会社の双方で百二十億円という莫大なものだったという。

エンツォ・フェラーリ

Enzo Anselmo Ferrari

1898-1988

かつて、バーレーンでF1観戦をしたことがある。

砂漠の真ん中にあるサーキットは暑さと砂に閉口したけれど、砂塵を巻き上げて疾駆するマシンの姿は圧巻だった。

アラブの族長と思しい富豪は、豪勢きわまるテントを建てて、誰彼かまわず、饗応を尽くしていた。

とはいえ、やはり主役は、フェラーリに決まっている。

数あるF1工房の中でも、圧倒的な存在感を示し続けており、今もその人気は揺るぎない。

真っ赤なボディのフェラーリは、地上に数少ない、生きた伝説である。

∴

フェラーリの創業者、エンツォ・フェラーリは一八九八年二月十八日、イタリア北部の小さな商業都市モデナに生まれた。

ぎりぎりではあるが、十九世紀の生まれである。

父のアルフレッド・フェラーリは当時、車両部品を製造する小さな工場を経営していた。今では世界的ブランドとなっている「フェラーリ」だが、モデナ地域ではごくありふれた姓で、エンツォの家は街に数多く点在するフェラーリ家の一つに過ぎなかった。

しかし、このモデナに生まれたことが、エンツォの将来を決定づけることになる。

この土地には昔から鍛冶職人の技術が根差していた。二十世紀に入って、自動車産業が興隆すると、その技術は車の製作や修理に利用されるようになった。

そうした流れから、後にこの地域からフェラーリだけでなく、マセラティやランボルギーニといった会社が次々に誕生している。

子供の頃からエンツォの家には、車が二台あり、家族揃って自動車レースを観にいった。自然のなりゆきで、彼の中の自動車熱が高まっていった。

ところが、一九一四年に勃発した第一次世界大戦で兄が戦死、父親も一九一六年に病死し、家業の工場は倒産した。

一九一七年、エンツォは十九歳で出征したが、わずか三ヵ月で肋膜炎に倒れた。ボローニャ郊外の収容所で療養生活を続け、奇跡的に回復し、除隊した。

この時から、エンツォの自動車とともに生きる人生がスタートしたのである。真紅のボディとともにフェラーリで有名なのが、跳ね馬のエンブレムだ。

エンツォがこのマークを獲得したのは、一九二三年のある出会いによる。

この頃エンツォは、イタリアの自動車メーカー、アルファロメオの経営マネージメントを担当しながら、同社のレーサーとしても活躍していた。

六月、ラヴェンナのサヴィオ・サーキット第一回レースに新型マシンを持ち込み、優勝をはたしたエンツォは地元の名士たちの祝勝パーティに招かれた。

そこには戦死したイタリアの誇る英雄パイロット、フランチェスコ・バラッカの両親である伯爵夫妻も招かれていた。

パーティで意気投合したエンツォと伯爵夫妻はその後も交流が続き、ある日、伯爵夫人はエンツォにこう言った。

「フェラーリ、あなたのレーシング・マシンに息子の跳ね馬のマークをつけたらどうかしら、きっと素晴らしい運が開けると思うわ」（『エンツォ・フェラーリ　F1の帝王と呼ばれた男』ブロック・イェイツ、桜井淑敏訳）

実はこのマークはイタリア空軍の部隊が所有していたもので、伯爵夫人が他人に譲れるものではなかった。ところが、エンツォ自身の回想録には、マークを委託するという伯爵夫妻の証文を得たとある。

そして実際、一九二九年にプライベート・レーシングチーム「スクーデリア・フェラーリ」を立ち上げたエンツォは、跳ね馬のエンブレムをマシンにつけ、世界へと飛躍していったのだった。

∴

一九五〇年、FIA（国際自動車連盟）は各国で行われていた国際グランプリ・レースを組織し、F1グランプリ・ワールドチャンピオンシップとして制定した。

第二次世界大戦中、年齢により召集を免れたエンツォは自社の工場で自動車のエンジンを作り続け、戦後間もない一九四七年には自動車製造会社としてのフェラーリを設立した。

F1に参戦し、経営陣との衝突で袂を分かったアルファロメオに勝つため、社運をかけてマシンを開発し、フォーミュラ1と2のレーシングマシン十二台を製作した。

そして迎えた一九五一年七月十四日のイギリスF1グランプリ。

フェラーリ・ティーポ375を駆った、アルゼンチン出身のドライバー、フロイラン・ゴンザレスはアルファロメオのファンジオを一分以上引き離し、見事優勝を遂げた。

エンツォは回想に、こう綴っている。

「私は喜びに泣いた。しかし、その喜びの涙には、まだ苦痛の涙が混じっていたのであ

る。『私は母親を殺してしまった』。その日、私はこう思ったのである」（『フェラーリ　赤い帝国』ジョー　ホンダ）

五十歳を迎えるまで、エンツォ・フェラーリの日常はほとんど毎日同じだった。

朝、スクーデリア・フェラーリの二階にある住居で目覚めると、息子が学校に行くのを見送り、床屋に行って髭を剃る。

午前中はオフィスで顧客の相手をしたり、記者会見を行う。

昼食の後はマラネロの工場に顔を出して、作業の進行を管理した。

服装も地味だった。

「白いシャツと色をおさえたネクタイ、グレーか茶色のビジネススーツにサスペンダー、ジャケットの襟にはカヴァリーノ・ランパンテの小さなピンをさしていた」（『エンツォ・フェラーリ　F1の帝王と呼ばれた男』）

それは彼の造る華麗で大胆なスポーツカーとは驚くほどの対照をなしていた。

自動車業界のライバルたちがシャネルやディオールの最新ファッションに身を包んでいても、真似ようとはしなかった。

自分のファッションよりも車のデザインに想像力がかきたてられたのだろう。

エンツォの自己表現の塊ともいえる、鮮烈で美しいフェラーリのボディは欧米の富裕層を魅了した。ロード・スポーツカーの生産は順調に伸び、F1の優勝で知名度は高まり、事業は飛躍的に拡大されていった。

∴

エンツォには二つの家があった。

一つは妻のラウラと息子のディーノが住むモデナの家。もう一つは愛人のリナ・ラルディと息子のピエロが住むキャステルヴェトロの家であった。

ディーノはエンツォの跡継ぎと目されていて、V6エンジンをデザインするなど会社に貢献していた。しかし、生まれつき病弱だったこともあり、一九五六年六月、二十四歳の若さで逝ってしまった。

死因は、白血病、多発性硬化症、肝炎、筋ジストロフィーなどの病名が上がっているが、いまだにはっきりしたことは分かっていない。

ディーノの死後、エンツォは会社のすぐ近くに四階建てのロマネスク様式の邸宅を買った。カバルディ広場に面した、モデナ最大級の家だった。

息子の思い出が残る家に住んでいるのが辛かったのかもしれない。

家から一ブロック離れたグランド・ホテルがエンツォの取り巻き、「ビエラ・クラブ」の溜り場になり、乱痴気騒ぎが繰り広げられた。

「ある生意気なアルゼンチンの男がひとりの女性を口説いて二階の部屋にひっぱり込んだ時、

エンツォ・フェラーリたちは敷居ごしに火のついた新聞紙を投げ入れたりした。もちろんシーツだけを巻き付けた一夜の恋人たちがドアから飛び出してくるのを見て大笑いするためである」(同前)

アドリア海のヴィセルマに別荘も持ったが、こちらはもっぱら妻のラウラが滞在するようになった。いつの頃からかは分からないが、ラウラは精神を病んでいたという。

スクーデリア・フェラーリが順風満帆であったわけではない。

一九五七年三月、モデナのサーキットでフェラーリのトップドライバー、エウジェニオ・カステロッティがわずか二周でクラッシュして死亡した。

同年五月、公道レースのミッレ・ミリアで、フェラーリに乗っていたデ・ポルターゴが、タイヤをバーストさせてマシンごと観客席に突っ込んだ。ドライバーを含む十一人の命が失われ、二十一人が重軽傷を負った。犠牲者のうち五人は幼い子供だった。

エンツォは過失致死および傷害の罪で告発されたが、無罪となった。

翌年のフランスグランプリでは、ルイジ・ムッソが、ドイツグランプリではピーター・コリンズが事故死した。

エンツォは公の場に姿を見せなくなり、オフィスにこもって指令を出すようになった。

しかし、どれだけ不幸な事故に見舞われても、車を造ることとレースに挑むことだけはやめなかった。

これこそエンツォが自分のもてるもの全てを注ぎ込んだ、人生を賭けた蕩尽だったのだ。

レースへの過剰な投資や労使紛争から経営危機に陥ったフェラーリは一九六九年、イタリア最大の自動車会社、フィアットの傘下に入った。

しかし、それによってフェラーリが失われることはなかった。一九七〇〜八〇年代、ニキ・ラウダ、ジル・ビルヌーブといった天才ドライバーを得て、第二の黄金時代を迎えた。エンツォの蕩尽が、経済危機やテロでうち沈むイタリアの国民を元気づけたのである。

一九八八年八月十四日、エンツォ・フェラーリは九十歳の生涯を閉じた。

その約一ヵ月後の九月十一日、イタリアグランプリで奇蹟が起きた。

優勝を確実視されていたマクラーレンのプロストがマシントラブルで脱落、さらにゴールまで二周というところで、セナがスピン。

フェラーリの二台がゴールを突き抜けた瞬間、スタンドを埋め尽くす十万の観衆は赤い狂乱の渦と化したのだった。

上田清次郎

Ueda Seijiro

1900-1987

今年の日本ダービーは断然人気に支持されたエフフォーリアを四番人気のシャフリヤールが最後の直線で差し、場内を沸かせた。

クラシックレースの中で最も注目されるのが日本ダービーであり、このレースで優勝することが、日本競馬に関わる全ての人たちの夢だといっていい。

ダイコーターという馬をご存じだろうか。一九六五年、NHK杯に快勝し、日本ダービーの最有力馬となった。ところがダービーが行われる二日前にこの馬を馬主から無理やり買い取った人物がいた。

最後の炭鉱王といわれた上田清次郎である。

上田はダイナナホウシュウで皐月賞と菊花賞、ホウシュウクインとミスマサコで桜花賞を制した関西の大馬主だったが、ダービーだけは勝てずにいた。

何としてでもダービー馬の馬主になりたい上田が馬主に支払った金額は、当時の日本ダービーの優勝賞金八百万円の三倍にあたる二千四百万円だった。

現在のダービーの賞金は二億円なので、今の貨幣価値に換算すると、六億円を支払ったことになる。

「ダービーを金で買うのか！」とさんざんに批難されたが、結果は二着。しかし、秋の菊花賞を制した。

その後も上田はダービーに挑み続けたが、結局優勝できないまま、競馬界を去ることになる。

∴

上田清次郎は明治三十三年、福岡県田川郡川崎町に生まれた。

家は農家で五、六頭の馬がいたので、小学校を出ると、運搬業を始めた。その傍《かたわ》ら、草競馬に出ては、自分で馬を走らせていた。

十七歳の時、豊州炭鉱の職員から、ある頼まれごとをした。

炭鉱のある地域では必ず、炭鉱に対して、文句を言ったり、因縁を付けてくる人がいた。今でいうクレーマーだ。

豊州炭鉱では「鬼より怖い」と言われるタツに頭を悩ませていた。

タツは炭鉱に来ては文句をがなりたて、懐柔しようと職員が家に行っても、怒鳴りちらされて帰ってくるのがおちだった。

上田はタツのなだめ役を引き受け、毎日毎日、怒鳴られても諦めずに家に通っているうちに、とうとうタツのほうで根負けして、何も言わなくなった。

すると、「おまえはたいした者だ、大学出のうちの職員ができんことをやる」と、炭鉱主の福田定次の目に止まり、炭鉱の仕事が与えられた。

坑内から上がった石炭は塊炭と粉炭に分けて駅までトロッコで運ぶ。このトロッコ積みを任せられたのだ。

「当時の労賃は、坑内に入る人で腕がよければ二円になる。坑外で働く人なら、一円か一円二十銭。これが女の子なら四、五十銭です。だから私は、炭鉱の住人を集めた。女子どもでも積み込みは出来るから、学校から帰ったのと交替させたりして、それで大儲けです。どうかすると私は、一日に八円から十円は儲けた」（「筑豊の挽歌」佐木隆三）

ところが、そうやって儲けた金を、上田はバクチと女にきれいさっぱり使ってしまったのである。まさに「川筋気質」を地でいく人物だった。

大正九年から小倉の歩兵第十四連隊に入り、戻ってきたのが十二年。

すると、福田がいきなり、「上田、おまえ豊州炭鉱をやらんか」と持ちかけてきた。

第一次世界大戦が終わり、不景気だったが、「これが底で、そのうちに景気は上向きになる」というのが福田の見通しだった。

「金がない」と言っても、「そんなものはいらん。そのうちに儲かったら払ってくれればいい」と言う。

坑内を見せてもらったところ、まったく荒れておらず、立派なものだった。

上田は豊州炭鉱を譲り受けることを決めた。弱冠二十二歳で、従業員二百人のヤマ持ちになったのである。

自分を見込んでくれた福田の期待に応えるため、それから十年間、上田はバクチを断った。

∴

上田の生まれ育った田川郡川崎町は筑豊炭田の東に位置している。町の真ん中を流れる中元寺川は彦山《ひこさん》川と合流して遠賀《おんが》川へ注ぐ。

江戸時代からすでに採炭が行われ、幕府が「炭山御用掛」を置くほど出炭量が多かった。

五木寛之の小説『青春の門』の舞台はまさにこの筑豊の田川だが、その土地柄について次のように書かれている。

「明治初期の筑豊は、富国強兵をモットーに高度成長をひた走る近代日本国家のエネルギーのすべてをささえる石炭王国として発展しつづけていた。各地から流れてきた貧農や、素性のしれない流れ者があつまり、荒々しい戦場のような空気がみなぎる土地だった。アメリカ開拓期の西部の街を想像すればいいかもしれない」

親分級の炭鉱主たちがしのぎを削り、毎日争いの絶えないその土地で、二十二歳の若き炭鉱主は自らの力で炭山を開発し、炭鉱王へと上りつめていくのである。

昭和九年二月、上田清次郎は第十四代川崎村長に選ばれた。

「川崎村というのは、揉めごとの多いところで、村議会はケンカばかりしよる。そのころ、隣の、安真木村と合併の話が、もちあがっておった。私は仕事に没頭して、そんなことは知らなんだけど、いよいよ連中は往生しきって、私に頼んだわけです。もちろん断ったけど、〝助役を二人にするから、あんたは何もせんでよか〟といわれりゃ、引受けんわけにいかん」(「筑豊の挽歌」)

二十二歳で炭鉱主になって、十一年。上田は村の中で信頼される存在になっていた。その後、昭和十三年の町制施行に伴い、上田は初代川崎町長となる。

しかし、炭鉱主になってから断っていた博打をその頃解禁した上田は仕事以上に競馬に夢中。役場には顔を見せず、競馬場に通いつめ、公務は全て助役に任せきりだった。それでいて、いざという時には、剛腕を振るい、町会では反対派の議員につけ入らせない。

度量の大きさが買われ、それから八年間も町長を務めることになる。

∴

昭和二十一年三月、町長を辞任した上田は、その翌月に行われた、戦後第一回の総選挙に、社会党から立候補した。

福岡県は多くの鉱山、工場の労働者を持っているため、社会党と共産党が旧勢力を打倒しようという動きが活発だった。

上田はそれまで社会党員ではなかったけれど、戦争に負け、これから世の中は社会主義化するに違いないと見込んで、選挙に出るために社会党に入り、公認してもらったのだ。

結果は見事、トップ当選。ところが、翌年には翼賛会の役員をしていたことを理由に公職追放されてしまう。

昭和二十二年五月に社会党が第一党になって、片山内閣が発足した。

上田にとっては歓迎すべきことではあったが、片山が提出した「炭鉱国家管理法」には大反対であった。自分たちが苦労して発展させてきた炭鉱の経営を国の管理下におかれたら、たまったものではない。

七百万円（現在の約二千五百万円）の金を東京に送って、関係する代議士を口説いた。

その後炭鉱国管疑獄で逮捕され、七百万円の使い途を追及された上田は「競馬ですった」の一点張り。「競馬でどうしてそんなに取られるのか？」という検事の質問には「競馬はなんぼでも取られます」と返した。

∴

上田自身によると、石炭でいちばん儲けたのは、昭和十九年から五年間だという。

この間の収入の詳細は明らかではないが、二十五年度分から、国税庁が高額所得者の番付の公示を始めると、上田は常連になった。

二十五年度は二千五百九十三万円で六位だったが、翌年は一億三千二百十三万円で一位、二十七年度は二位に落ちたが、二十八年に再び一位に返り咲いた。

清次郎ばかりではない。二十七年度は、二人の弟のうち、富蔵が五位、米蔵が六位、妹のをつが十六位で、四人で五億円を超えている。

この頃、上田一族は田川郡内に十二の炭鉱を経営し、さらに新しい炭鉱を開発していた。

当時は所得税がほとんどかからない上に、石炭鉱業の振興を理由に、新しい炭鉱採掘には三年間の免税措置がとられていたのである。

昭和三十三年、川崎町は町制二十周年を記念して、町役場前に上田清次郎の胸像を建てた。

そこには「上田清次郎氏の像　信介書」とあるが、信介とは当時の内閣総理大臣・岸信介のことである。

∴

戦後すぐに中央競馬の馬主資格を取得した上田は、ダイナナホウシュウが昭和二十九年の皐月賞、菊花賞、三十年の天皇賞を勝ち取り、その後も名馬に恵まれ、関西の大馬主の地位を築いた。

上田の馬は名前に「ホウシュウ」とつけられることが多いが、これは「豊州炭鉱」にちなんでいる。

「趣味は麻雀と競馬」と自分で言うほどの競馬好きで、昭和三十九年の、シンザンとウメノチカラの大勝負があった菊花賞では、秘書を五、六人動員して、シンザン単勝一点買いの一千万円の馬券を買った。

配当は二百四十円だったから、一レースで一千四百万円を稼いだことになる。

北海道に上田牧場を開き、馬産にも乗り出したが、前述した通り、日本ダービーだけは勝つことができなかった。

∴

炭鉱主の中には途中で石炭から離れる者も多かったが、上田は最後まで石炭に執着した。

しかし、昭和三十五年九月から二年の間にガス爆発など三度の大事故を起こし、百四十名もの人命が失われ、石炭の斜陽化の追い討ちがかかり、次々に炭鉱は閉鎖されていった。

夢よ、もう一度と、昭和五十四年から五十六年にかけて北海道鉱区の調査をしたが、人材不足を理由に採掘開始を断念した。

「どうしても石炭に未練があるから、最後の最後まで粘ったんだね。私は石炭ばっかりで、若いときから石油なんて、まったく念頭になかった」（同前）

林芙美子

Hayashi Fumiko

1903-1951

わが国は、平安京の時代以来、すぐれた女流文学者を輩出してきた。紫式部、清少納言から、樋口一葉、佐多稲子までその厚さとバラエティは、絢爛豪華という他ないだろう。

そのなかでも、戦前戦後に異色を放った林芙美子は、独立独歩の人生を貫き、世間の好奇心と嫉《ねた》みを端《はな》から勘定に入れず、放埒に生きぬいた。

辛辣と放埒を混淆させた、その面目は、「女傑」といった仇名すら辟易させてしまう。今時の、威勢のいい女などとは比べられない、傑物である。

∴

林芙美子は、明治三十六年十二月三十一日、ブリキ職人槙野敬吉方の二階で生まれた。

父は行商人の宮田麻太郎。母キクは、鹿児島の東桜島で温泉を経営していた林新左衛門の長女であった。

芙美子が七歳の時、両親は離婚し、芙美子は母と共に家を出た。

麻太郎は、九州若松で呉服の太物を商い、羽振りがよかったが、芸者を家に入れており、母キクは、芙美子を連れて出奔せざるを得ない境遇に追い込まれてしまったのだ。

その後キクは、沢井喜三郎と結婚した。沢井は、かつて宮田の店で番頭として働いていた人間で、キクより二十歳も年下だった。

芙美子にとっては兄という方がふさわしい「義父」であった。

一家は、九州各地を行商して廻った。

芙美子は、長崎市の勝山小学校に入学したが、一家は間もなく、他の土地に移り、以降、各地を転々とし、小学校は尾道市第二小学校に落ち着くまで、十数回変わったという。

その間に、佐世保、佐賀、鹿児島、熊本、若松、久留米、直方、折尾、門司、下関と九州の西海岸を、雑貨や唐物を売り歩いた。一家が泊まるのは、いつも木賃宿だった。

芙美子は、商売が上手くいかないという理由で、キクの実家に預けられ、祖母の命により炊事をさせられた。

祖母は、孫をかわいがるような人ではなかったのである。

大正五年、ようやく、尾道に一家は落ち着いた。

その年、芙美子は尾道市の市立第二小学校の第五学年に転入している。義務教育の教育年限よりも、二年遅れていた。

ここで芙美子は転機を迎えた。

芙美子が書いた自由作文が、抜群に上手いことに気づいた教師たちの尽力で、卒業し、尾道市立高等女学校に進学することができたのである。

自分の文才は、世間を渡る武器になるのではないかと、初めて、自らの才能に、気づいたのだ。

高女を卒業すると、即座に上京した。

高女時代からの恋人である岡野軍一を頼ったのである。

岡野は、因島出身。当時、明治大学商学部に在学中であった。

翌年、岡野は明治大学を卒業したが、芙美子とは結婚せず、帰郷して両親が勧めた娘と結婚してしまった。

かなり酷な仕打ちではあるが、当時の堅気であれば、芙美子のような奔放な女性を妻として迎えることを躊躇するのは仕方がなかったのだろう。

本格的に日記を書きだしたのは、この頃からだといわれている。

そして、この日記が、彼女の救世主になったのだ。

∴

関東大震災の時、芙美子は本郷の根津の下宿にいた。

あらかたの店が倒壊してしまったので、母と神楽坂や道玄坂、成子坂などに夜店を出して、糊口をしのいだ。

戦前、女性のための仕事はほとんどなかった。

芙美子は、生活のため、カフェーの女給になった。

と同時に、詩を作り童話を書いた。

原稿を買ってもらうために、様々な出版社、新聞社に足を運んだが、買ってはくれなかった。

詩を介して、アナーキスト詩人たちと懇意になった。萩原恭次郎、岡本潤、壺井繁治、友谷静栄、辻潤などである。

彼らとともに本郷坂の白山上、肴町の南天堂書店二階のレストランで、フランス料理を食べた。平林たい子を初めて知ったのも、その時だった。

芙美子は、これまで書いてきた詩と、友人の友谷静栄の詩を集めた『二人』というパンフレットを発行した。

資金は、南天堂レストランの常連である作家の神戸《かんべ》雄一が出してくれた。

『二人』は、その後、三回ほど出た後、廃刊になった。

新劇の研究家であり、俳優としても活躍していた田辺若男は、芙美子の詩を高く評価してくれた。

芙美子は、田辺と暮らすようになったが、田辺の恋人が女優の山路千枝子だったと知って、身を引いた。

心機一転して芙美子は、世田谷太子堂の家に住んだ。そばには、平林たい子、黒島伝治、前《まえ》田河広一郎《だこうひろいちろう》らがいた。

収入がほとんどないので再び、女給に出た。

作家の徳田秋聲や宇野浩二を訪ね、不幸を訴えた。秋聲は、芙美子に四十円という大金を与えたという。

大正十五年、芙美子は画学生の手塚緑敏と結婚し、ようやく生活が落ち着いた。

昭和五年、芙美子の半自伝的小説『放浪記』が刊行され、ベストセラーになった。しつこく繰り返される貧窮の詳細描写は、一部の評者の顰蹙を買ったが、芙美子は一切、顧慮しなかった。

彼女は、ついに栄冠を戴いたのだから。

同年、台湾総督府の招きに応じて、望月百合子、生田花世と一緒に台湾訪問旅行に赴いた。名士の仲間入り、というところだろうか。

翌年の六年は、小説は売れ、内外からの招待もあり、いよいよ多忙を極めた。

いつの間にか、芙美子にとっての放浪の季節は去り、故郷、尾道に錦を飾った。

夜は歓迎会、翌日は講演という毎日で、「名士」になった自分の立場を改めて実感した。

∴

昭和六年十一月早朝。

芙美子は一人でパリの北駅についた。それから約一年間をパリで過ごした。『放浪記』の印税のお蔭である。

モンパルナッスは、盛っていた。

墓地を控えた繁華な盛り場に、芙美子は魅了された。父親が餞別として贈ってくれた塗下駄をはいて、石畳みの街を歩きまわった。

この時の様子は彼女の著書『下駄で歩いた巴里』に詳しく書かれている。

当時、フランス文学者の渡辺一夫が、ソルボンヌに留学していた。

渡辺は、友人に誘われてくたびれているという芙美子の見舞いに訪れた。

「パリに来て寝込んでいるのなら、死んでしまいなさい」

その言葉で、芙美子は元気になったということになっているが、いささか出来すぎではないだろうか。

∴

昭和九年の初夏、芙美子は樺太を訪れた。

樺太の中心である豊原を見て、芙美子は愕然とした。

「どのように樺太の山野を話していいか、まるで樹の切株だらけで、墓地の中へレールを敷いたようなものです（中略）その墓場のような切株の間から、若い白樺の木がひょうひょう立っているのを見ます。名刺一枚で広大な土地を貰って、切りたいだけの樹木を切りたおして売ってしまった不在地主が、何拾年となく、樺太の山野を墓場にしておくのではないでしょうか」

『樺太への旅』は、改造社の『文藝』に掲載されたが、当局からは、伏字の処置は一切なかったという。

昭和十四年『婦人公論』新年号に、芙美子の手になる『北岸部隊』が掲載された。

朝日新聞の取材に対して、「是非ゆきたい。ならば暫《しばら》く向うに住みたいと願っていたところです。中支の生活に興味があります」と、答えている。

中央公論社は、『北岸部隊』を、初版五万部で刊行した。

当時の五万部はかなりの部数で、中央公論としても、社運をかけたのだが、実際のところほとんど売れなかった。

にもかかわらず芙美子は、日本各地で従軍報告の講演を続けていた。

「皆さん、慰問袋には鉛筆一本、人参一本でも入れてください」

昭和十六年十二月八日。

連合艦隊は、真珠湾を奇襲した。

世間が勝報に沸くなか、芙美子は滝沢馬琴について書き始めていた。

しかし、言論統制はいよいよ厳しくなり、とうとう芙美子の代表作である『放浪記』、『泣虫小僧』、『女優記』が、発禁処分に付された。

∴

昭和十七年十月末。

芙美子は、陸軍報道部の徴用で南方に行くことになった。

南方の拠点シンガポールは、顔見知りの作家や編集者であふれかえっていた。

芙美子は、佐多稲子と編集者たちとともに、シンガポールに到着した。稲子はもともと左翼だったので、立場はかなり微妙だったのだが。

南方軍司令部の肝いりで歓迎祝賀会が開かれた。歓迎会は、盛大だったが、この頃芙美子の経済状況は、すでに火の車であった。

『放浪記』の発禁は致命的だったのである。

はたして為替は届いただろうか、新たな発禁処置を受けることにならなければ、いいのだけれど……。

そんなことを歓迎会の間中考え続けていた。

しかし、やがて、芙美子の楽観主義が、ゆっくりと頭をもたげてきた。

いつの間にか、南方の生活に、芙美子は馴染んでいた。

ジャワに入ったのは、十二月初めだった。

「ジャカルタは古い都といった感じで、小金を蓄めている人が多いように見られますが、それにクラブやバーは活気に溢れてちょっと上海に来た感じです」

と、芙美子は夫に、葉書をしたためた。

くよくよ迷うのが苦手で運が強いというおのれの自信でしのいでいく根性はたくましいの一言である。

林芙美子は、いよいよ畢生《ひっせい》の大作、『浮雲』の執筆を始めた。

約八ヵ月、『風雪』に連載した後、場を『文學界』誌上に移し、昭和二十六年四月まで執筆して完成させた。

富岡という敗戦で厭世的になった農林技師と、ゆき子という仏印で知り合ったタイピストとの情痴的恋愛を描いたものだ。

ゆき子は、今まで芙美子が描いて来た女性の集大成である。情け深く、情熱的で淫蕩な、少々破廉恥な行為にもおじけない、といったタイプの女性だ。

一方、富岡は、敗戦を自らの身体で受け、挫折の荒廃を体現する存在になっている。

∴

『浮雲』は、予想以上の評価で、読書界に認められた。

名匠、成瀬巳喜男により映画化され、高峰秀子をゆき子に配した『浮雲』は、数十年たった今でも多くのファンを持つ。

好む好まないはともかく、イレギュラーな人生を選ばざるを得なかった女性の、だからこその心延《ば》えを、高峰秀子は、わざと容貌を歪ませ、不貞腐れた態度で熱演している。

∴

『火宅の人』の作家、檀一雄は、「小説　林芙美子」なる短編小説を書いている。

「昭和八年であったか、九年であったか、思いおこせない。

記憶違いでなかったならば、林さんはその時、ロシヤ人が着るような、部厚いシューバーを身につけていた。

雪ダルマのように着ぶくれた、その矮小の女の体が、寒い場末の夜の闇にころげ出していった。（中略）

短い、寸づまりの手。その手の甲に黒いソバカスの斑点が一ぱい散っているような指。その指で、もどかしげに煙草の灰を散らし、最後にウイスキーを流しこんだ紅茶を両手でかかえるようにして啜りながら、時折じっと相客の私の方を、こもっている煙草の煙の中にすかし見る。（中略）

しかし、私は親愛の感情を持った。

これが、私の、林芙美子に対する、いつわらぬ、最初の印象である」

林芙美子には数々のエピソードがあり、中には芙美子から性病をうつされたと言いふらしている男もいた。

とはいえ、芙美子にとっては、褒貶など、まったく気にならなかったろう。

落し紙を捨てるよりも軽くいなしていたに違いない。

∴

昭和二十五年、檀一雄は直木賞を受賞した。

文藝春秋の主催で熱海で宴会が行われた。

文藝春秋の社員ほとんどと、先輩の作家たちが宴につらなった。

その中で、女性は林芙美子だけだった。

「檀さん、良かったわね、おめでとう」

檀は、正直、嬉しかったという。

昭和二十六年六月二十七日の夜分、料亭から家に戻った芙美子は急に苦しみ出し、翌日の払暁に心臓麻痺で急逝した。

訃報に接した檀は身支度を整えて、白い花を抱えられるだけ抱えた。中にはハルジオンが入っていた。

ハルジオンには貧乏草という異名がある。

そうした花こそが、芙美子にはふさわしい、と檀は思った。

∴

川端康成は、林芙美子が亡くなった後、遺作を大方読み返した。

そして、自身の視点から、芙美子の「名言」なるものを、ノートに書きぬいた。
○芸術は本当は人間の内《なか》で蘇生しなければ嘘だ。(『女の日記』創作ノート)
○私は誰からも影響されなかった。いつでも、「私の生活している世界」である。私の生活から去って死ぬ時が来ても、私は只それだけのものだ。それだけのものとして人間は死んでゆく。平凡な、誰にも知られない死で世の中は満ちている。自然と人間が、愛らしくたわむれる世の中が私のユウトピヤだ。(『放浪記』あとがき)

∴

宮本百合子と林芙美子は、昭和二十六年にあいついで世を去った。

二人を対比すると、宮本百合子は、思想的には「人民」の中に溶け込むことを標榜しながら、実際には特権階級の一員で、終生、お嬢様気質を失うことがなかった。

一方、林芙美子は生まれながらに、民衆の血を受け、そこから彼女の人生と文学活動が始まった。

宮本にとって民衆は少なからず美化せざるを得ない存在であったが、芙美子にとって民衆は、敵であり、また朋輩《ほうばい》でもあった。

本田宗一郎

Honda Soichiro

1906-1991

本田宗一郎は、日本の、いや世界の経営者の中でも、格別ユニークな存在である。宗一郎は、次のような言葉を残している。

○謝ることは奴隷のすることである。反省こそ真の謝り方であり、将来発展の基礎である。
○競争とは、相手の不幸を願うものである。
○習慣を破ることは、勇気のある人の行うことである。

顰蹙を買う発言ではあるけれど、宗一郎の面目が躍如としていて、実に面白い。

∴

明治三十九年、現在は浜松市の一部となった、磐田郡光明《こうみよう》村の鍛冶屋の倅として生まれた。

物心が付くか付かぬかの間に、屑鉄を折り曲げたり、分解したりしては得意になっていた。

着物の袖は、滴り落ちる青っ洟で、塗り固められていた。母は、冬には洟がカチンカチンになるので、おかしくて叱れなかったという。

尋常科の二年の時、家から二十キロくらい離れた浜松歩兵連隊に、飛行機が来た。飛行機を見るには、入場料を払わなければならなかった。二銭もあれば、見られると思っていたが、実際には十銭が必要だった。

父親は、入場料金を出してくれない。

しかし、宗一郎は、諦めなかった。

飛行機が見られそうな松の木に取りつき、よじ登って一念を遂げようとした。周囲に気を配り、下から見つけられないように、枝を折って、遮蔽した。

子供ながら、万全を期した、というところだろうか。

∴

三年、四年と学年が進むにつれて、宗一郎の悪戯《いたずら》は激しくなっていった。職員室の金魚が、赤いものばかりで、面白くないといって、青や黄色のエナメルを塗りたくったり。

家に帰れば帰ったで、悪戯の種には不自由しなかった。

隣家の石屋が作っている石地蔵の鼻が気に入らないというので、金槌で彫り直そうとして鼻を欠いてしまったり。

「私の少年時代には、このような悪童行為のほかにはほとんど何もないといっても過言ではなさそうだが、その間にあってただ一つ——私がやりつづけたことは、機械をいじくりまわすことと、『立川《たつかわ》文庫』を耽読したことぐらいであろうか」（『スピードに生きる』本田宗一郎）

宗一郎は、尋常科から高等科に進学したが、相変わらず、学業は苦手だった。

高等科をまもなく卒業する頃、『輪業の世界』という雑誌を読んでいると、広告欄に目がとまった。

東京の『アート商会』が、丁稚、小僧の募集広告を出していたのである。

宗一郎は、高等科を終えると、アート商会に入るべく父に伴われて上京した。

東京駅に降りて、驚いた。

夢にまで見ていた自動車が、まるで蟻のように走りまわっている。

田舎者の父と宗一郎は、ようやく『アート商会』を探しあてた。

∴

アート商会に入ることはできたけれど、現実は厳しかった。

自動車に触れることなどできず、仕事といえば主人の子供のお守りをすることだった。

兄弟子たちには、「お前の背中には、いつも地図が描いてあるじゃないか」と、からかわれた。「地図」とは、赤ん坊の小便のことである。

けれど、失意の日々は、さして長くなかった。

毎日、こうして自動車を見たり、機械の組み立てや、構造を観察するだけでも、勉強になるではないか……。

半年ほど経った時、主人が宗一郎を呼びつけた。

「今日は、滅法忙しい。お前も手伝え！　作業衣を持ってこい」

宗一郎は驚喜した。

待ちに待った瞬間である。

作業衣にとびつき、すばやく腕を通し、そっと鏡の前に立って自分の晴れ姿に見入った。

兄弟子たちが着古し汚れた服だったが、宗一郎にとっては、頬ずりしたいほどの晴着だった。

∴

大正十二年九月一日。

突然、地鳴りがすると地面が揺らぎ、建物がかしぎ、火の手が上がった。

関東大震災である。

アート商会にも火の手が回ってきた。

修理工場もあるから、預かっている自動車を焼いたら大変なことになる。

「自動車を出せ、運転のできる者は、一台ずつ、安全な場所に置いてこい」

この時、宗一郎は、「しめた」と思ったという。

群衆の間を縫って、とにかく宗一郎は自動車を運転した。

今、まさに自動車を運転しているのだ、という感激が、あまりに強烈だったので、震災の脅威も目に入らないほどだった。

∴

震災を境にして、宗一郎は一人前の、修理工になった。

ある日、宗一郎は、盛岡まで、消防車の修理に行くことになった。

宗一郎は喜んでいったが、客は宗一郎を、こんな若造で、大丈夫か、というような、不審な目で見ていた。

そのうえ、修理に取りかかれば、「そんなに分解しちゃうと、直らなくなっちゃうよ」と、心配される始末だった。

首尾よく消防車の修理は完了した。主人も喜んで、初めて給料らしい金をくれた。

宗一郎は、かねがね欲しかった金モール付の帽子を四円で買った。

当時、米十キロ三円二十銭であったから、高価な買い物だったろう。

震災後、アート商会の主人が芝浦にある工場で、焼けたままほったらかしにされていた沢山の自動車の修理を引き受けることになった。

十五、六人いた修理工たちも、ほとんど田舎に帰ってしまったので、宗一郎と兄弟子で修理にかかった。

スプリングにしても、シャーシーにしても何で作ったものか分からない有様だった。とにかく、自動車の体裁を整えることに終始した。

いざ組み立ててみると、エンジンはきちんと掛かった。

宗一郎自身、不思議に思うほどだった。

すると主人が、その車を高く売りつけに行ってきた。

「これだって、立派なニューカーだからな」

一番、困ったのは、スポークであった。

当時の自動車は、みんな木製だった。車大工でさえ、作れなかったのだから、苦労するのも、当然だったのである。

六年間で、宗一郎は、自動車の機構はもちろん、修理のコツも習得した。

自動車の運転もできるようになった。

いよいよ年季も明け、浜松に帰った。

主人から分けてもらった、「アート商会浜松支店」を開き、一本立ちになった。

父親は、宗一郎の開店を喜び、家屋敷と米一俵を贈ってくれたという。

とにかく、なんでも修理したので、次第に一目置かれるようになり、その年の暮れには、八十円の純益を出した。

最も目覚ましかったのは、さんざん悩ませられていた、木製のスポークを廃し鉄製にして、特許を取得したことである。

鉄製スポークは、大変な評判を呼んだ。

インドまで、輸出されたのであるから、日本の中小企業としては、目覚ましい成果といえるだろう。

二十五歳で月に千円の利益を上げられるようになった宗一郎だったが、金を儲けるとすぐに社員を連れて遊びに行くので、金はまったく貯まらなかった。

浜松芸者を連れて、静岡まで花見に行ったというのだから、相当の遊び好きだ。

∴

昭和十一年七月。

宗一郎は、三十一歳になっていた。

コンクリートで固めた競走場は、青い芝生と白線に仕切られている。

やがてスターターのホイッスルが鳴り、宗一郎はスロットルを開いた。

フォードをレーサーに改造した愛車は轟音とともに、弾丸のようにとびだしていった。

エンジンの響きが、自らの体の中で震えているようだった。

レースは、予想通り宗一郎の圧勝のはずだった……が、突然修理中の車が横からトラックにはいってきた。

次の瞬間、宗一郎の車は、もんどり打って跳ねかえっていた。

ぐらりと自らの身体が大きく回転した。

車から放り出された宗一郎は、地面に叩きつけられ、跳ねて二度目の衝撃を受けた。

意識を回復した時、宗一郎は、顔中に熱湯をかけられたような、痛みを感じたという。

にもかかわらず、激痛のなかでも、自分の生命を感じていたという。

宗一郎は痛みに耐えながら、言った。

「弟は？」

看護婦は言う。

「御無事ですよ、よく助かりましたね」

宗一郎の怪我は、顔の左側がつぶれ、左腕を肩の付けねから抜き、手首を折っていた。

助手席の弟は、四本の肋骨を折る重傷だった。

宗一郎は、思わず考えた。

「人間は、容易には死ぬものではない」

∴

宗一郎は、戦時中、ピストン・リングを作っていた。自動車、船舶、航空機それぞれのピストン・リングを製造していたのである。

中島飛行機のエンジン部品も少し作っていた。その工場を半分疎開させたところで、終戦を迎えた。

船も飛行機もいらなくなり、ピストン・リングは売れなくなった。千人いた工員は終戦と同時にばらばらになり、三百人に減った。

トヨタから来ている重役と意見が合わず、トヨタ解体の噂もあったので、これを機にトヨタから離れた。

持っていたトヨタの株も売って、四十五万円という大金を手にしたが、一年間尺八を吹いて遊んでいるうちに全部使ってしまった。

∴

昭和二十一年に本田技術研究所を設立した。

ちょうど、四十歳の時だった。

浜松の辺りに買っておいた地所があったので、疎開工場のバラックを建てた。

考えついたのが、モーターバイクだった。

戦時中、軍が使用していた小型のエンジンを買い集め、それを自転車につけたのである。

それが大好評になった。

買い集めた小型エンジンは、あっという間に払底したので、改めて自家製エンジンを作ることにした。

最初はタンクなどなく、湯たんぽにパイプをつけて代用にする、という有様だった。

当時の月産は、二百から三百台ぐらいだったという。

そんな中で、オートバイを作りたいという野心がわいてきた。

研究所全員の知恵を集め、アイデアをだしあった。

とりあえず、強いフレームと馬力の強い車を製造することで一致し、完成祝には、ドブロクで祝杯を挙げ、その席上で宗一郎は気炎を吐いた。

「とにかく、長い戦争が終わってみると、日本の技術は、ひどく遅れていることに気づいた。この遅れを取り戻さなければならない。したがって我々は、一にも技術、二にも技術で革新しなければならない」

昭和二十一年十月、本田宗一郎は浜松市山下町の焼け残った町工場を買い取り、「本田技術研究所」を立ち上げた。わずか十数人の従業員たちとのスタートだった。

最初のヒット作は原動機付き自転車である。旧陸軍六号無線機用の小型エンジンをスクラップ同様の価格で買い取り、「インスタントオートバイ」を作り出した。

出だしは好調で、二年後には、本田技研工業株式会社が誕生する。

二十四年。

宗一郎は、生涯のパートナーを得た。

藤沢武夫である。

藤沢は小石川生まれの江戸っ子で、京華中学を卒業後、会社勤務を経て、「日本機工研究所」という切削工具を作る工場を開いた。

二人を引き合わせたのは、当時、通産省の官僚、竹島弘であった。

初対面で藤沢は「あなたはこの先、金の心配はいっさいしないで十分物づくりに励んで下さい。他はすべて、このあたしが引き受ける」と豪語した。

∴

昭和三十二年。

宗一郎は、イギリスのマン島で毎年行われるオートバイの世界選手権を見学した。

これはツーリスト・トロフィーレースといって、世界最高峰を目指すもので、伝統も技術も際立った有名なレースだった。

一周六十キロのコース七周、計四百二十キロという大きなレースであった。

出場するオートバイも、日本では到底作れない精密かつ耐久力も秀でたエンジンが、鎬《しのぎ》を削るのである。

一万三千回転というのは、一秒間にエンジンが百回以上爆発しないと、出せない回転数だった。日本の技術では、七千五百回転がせいぜいであった。

いつになったら、日本で、こんなエンジンを作ることができるのだろう……宗一郎は、真剣に悩むと同時に闘志を燃やした。

「必ずスピードに勝って、日本のエンジン技術を世界に披瀝してやろう」

しかし、この頃会社は経営不振にあえいでいた。

設備の一大近代化をはかるために、アメリカに新鋭機械を発注し莫大な投資をしたというのに、カブ号、ドリーム号、ベンリィ号などそれまでのドル箱商品が頭打ちとなり、新車のスクーターも売れ行き不振に陥ってしまったのだ。

果たして莫大な投資とはどれほどのものだったのか。

実に四億五千万円である。資本金たかだか千五百万円の会社では到底ありえない額だ。しかし、宗一郎は断行した。これこそ、人生を賭けた蕩尽である。

「こうなったら、本田の兄貴と心中しよう」と腹をくくった藤沢の必死の資金繰りと「ベンリィ号」改良型のヒットにより、会社はもちなおした。

三十四年、マン島レースに初出場したホンダは五位入賞を果たした。

さらに二年後の同レースでは、一二五cc、二五〇ccの二つのクラスで一〜五位をホンダが独占し、完全優勝を果たしたのである。

現地のマスコミはこぞって「東洋の奇跡」と書き立てた。

四億五千万の投資によって整えられた設備、「レースに出場したい」という宗一郎の闘志、エンジン開発への熱意なしには果たせなかった「奇跡」である。

マン島レースに初めて出場した年に、ホンダはロサンゼルスに進出した。

宗一郎は、社員を日本から連れていくことをせず、現地の人間を採用した。

社内では、アメリカ人の給与は、非常に高いので払いきれないのではないか、という意見もあったが、宗一郎は押し切った。

アメリカ並みの給料を払えない、みみっちい商いだったら、やっても仕方がない、という料簡だった。

さらに、アメリカ人に喜んでもらえるような商売をしなければ、アメリカでは到底、通用しないだろうという考えもあった。

満州の例を見れば解ることだ。日本人が行った当初はごたごたしたけれど、満州の人間に、日本並みの給料を払っていくうちに、現地の人たちは自然と日本人を受け入れてくれたのだった。

このアメリカ進出を機に、ホンダの海外展開は加速度的に世界各国に広がっていく。

∴

昭和三十五年には東京駅の目の前に本社ビルができ、資本金は百億円近くなり、本田技研は大企業になった。

世間的にみれば、押しも押されもせぬ成功者となった宗一郎だったが、内心では、大きな葛藤があった。

昭和三十年代に入ると、トヨタや日産、いすゞの戦前派に続き、三菱重工、富士重工、東洋工業が、二輪を飛び越えていきなり自動車業界に参入した。

二輪界のチャンピオンとなったホンダはいよいよ最終ターゲットである四輪に向けて走り始める。

三十八年八月に、軽トラックT360を、十月にはスポーツカーS500を発売した。

特にS500のデビューには、営業スタッフが知恵を絞り、大キャンペーンを実施した。

金に糸目をつけず、あらゆる媒体に大きな広告を打ったのだ。

なかでも、「ホンダスポーツカーS500価格当てクイズ」は、豪華賞品の魅力もあり、応募ハガキは、五百七十万通にも達したという。

しかし、ホンダが四輪業界に地位を確立したのは、四十二年三月に発売した軽四輪N360の大ヒットによる。

この車により、ホンダは軽自動車の大ブームを引き起こした。

∴

興味深いのは、現役引退後の藤沢武夫と本田の生き方である。

引退後、藤沢は、六本木の邸宅を改造し、『高會堂』という、呉服、書画、骨董を扱う店を開いた。商うのは夫人と息子さんだったというが、ホンダの仕事からは一切手を引き、完全に隠居を決め込んだのである。

一方本田は一時休みはしたが、本来の行動ぶりが頭をもたげ、日本はもとより、世界を駆けまわる「超多忙人間」になったのだった。

∴

宗一郎はまず、銀座裏にあるビルの二階に「本田事務所」を開いた。ビルの所有者は高等小学校時代の同級生である山崎卯一だった。山崎も、町工場から始めて、成功を収めていた。

ただ、そのビル自体はかなりボロだったようで、「世界の本田宗一郎がこんなボロビルに事務所を開かなくてもいいだろう」と、山崎は何度も忠告したのだが、宗一郎は「かしこまったところじゃ落ち着かないから、ここでいい」と言ってきかなかったという。

宗一郎はこの事務所を拠点にして、全国のホンダの販売店、工場、営業所の社員たちへの「お礼行脚」を開始した。

綿密なスケジュールを組み、ヘリコプターと車を併用し、秘書一人を連れ、今日はこの地区、明日はこの地区と飛び回り、一日四百キロ以上を走破することもあったという。

しかも社員に挨拶するだけでなく、訪れた場所で必ず本田流のパフォーマンスを見せた。

例えば、小さな町のディーラーに立ち寄った時のこと。

客など滅多に来ないのだが、宗一郎は飽きずに何時間も立っていて、客が来るとすばやく近寄り、「本田でございます。いつも御贔屓《ひいき》有難うございます」と挨拶する。

客はまさか目の前の老人が本田宗一郎であるとは気づかない。宗一郎は自分の正体を明かすことなく一セールスマンになりきり、一台、二台と契約をとりつけるのである。

工場に立ち寄った時などは、現役時代そのままに、誰彼構わず手を上げて、「イヨ、ヤア、オッ」を連発する。そればかりか、ネジの埋め込み作業をしている若者を捕まえ、「何だ、そのやり方は！」と叱咤する始末であった。

宗一郎の「お礼行脚」は二年半にわたって続いた。国内が一段落した後は海外事業拠点へと、行動範囲は広がる一方だった。

宗一郎がゴルフを始めたのは、還暦を過ぎてからであった。

場所は、埼玉県の荒川の河川敷上にあったゴルフ場である。現在はなくなってしまったが、当時はプレー代が安くて都心からも近いと人気があった。

宗一郎はそこの正会員で、ロッカーにも「本田宗一郎」の名札を掲げていた。

しかし、他の会員たちは、その「本田宗一郎」があの「本田宗一郎」であるとは気づかなかったという。まさか河川敷でプレーするとは思わなかったのだ。

この頃、宗一郎は埼玉の事業所を仕事の本拠地にしていた。そのゴルフ場は事業所から近いうえにプレー代が安くていいと、時には社員たちを連れて、ゴルフを楽しんだ。

宗一郎なら、日本、いや世界中のどんなゴルフ場の会員にもなれたことだろう。

それを便利だからと、荒川のゴルフ場を選ぶところがいかにも宗一郎らしい。

∴

宗一郎は現役時代から、日本画をたしなんでいた。

作品が公表されることはほとんどなかったが、毎年の年賀状はその年の干支を描いた自作の絵が印刷されていた。骨太のタッチながら、筆遣いが繊細で、経営者としての磊落ぶりと、技術者としての慎重さの両面が現れていたという。

ある時、親友のソニーの創設者、井深大《まさる》が宗一郎に言った。

「本田さんの絵ねぇ、息づまるぐらいに正確だねぇ、犬の絵なんか、毛の一本一本の数まで数えて描いたんじゃないの」

「よお、気がついてくれたの。そうなんだよ。あの犬ね、オレの家に長くいた老犬なんだ。人間が勝手にアイツの姿をゆがめて描いちゃかわいそうなんだ。それでオレ、毛の数まで正確に描いてやったんです」(『本田宗一郎　思うままに生きろ』梶原一明)

∴

平成三年八月五日、午前十時四十三分、宗一郎は、お茶の水にある順天堂大学医学部附属順天堂医院で逝去した。八十四歳。

入院からわずか十五日だった。

直接の死因となった肝不全は、かなり前からの持病だった。

宗一郎が亡くなった夜の本田邸はひっそりしていた。

「ホンダ」関係者の出入りは一切ない。さち夫人、長男の博俊さんと近親者が、花に囲まれた遺影の前で、故人の思い出を語り合うだけであった。

宗一郎は無宗教、無信仰であったため、読経もなければ、戒名もない。しかも社葬は行わないという。「ホンダ」ほどの大企業の創業者の死で社葬を行わないのは、めずらしいことであった。

全ては宗一郎の遺志だった。

昭和六十三年十二月に藤沢武夫が亡くなった時は、宗一郎が葬儀委員長となり、東京・芝の増上寺で盛大な社葬を行っていた。

おさまりきらない社員の提案で、完全無宗教の「お礼の会」が、東京・青山の本社、全国の主要工場などで、九月五日から四日間、開かれた。

オートバイから自動車、ヨット、ゴルフ、芸者遊びに尺八、日本画と、宗一郎は公私にわたり、ありとあらゆる道楽を重ねてきた。

蕩尽という行為をここまで追求できたこと自体が、本田宗一郎の真面目であろう。

安藤百福

Ando Momofuku

1910-2007

イギリスのミュージシャン、エルビス・コステロは、『MOMOFUKU』というアルバムを作っている。

カップヌードルを「発明」した安藤百福を、賛美する作品だ。

空腹の時、心細い時、温かいスープの香《かぐわ》しい匂いと、けして裏切らない満腹感。

アジア圏ならともかく、英米を席捲したのだから、これはやはり、一つの文明史的事件と考えるべきなのではないだろうか。

安藤百福は、明治四十三年、日本統治下の台湾嘉義《かぎ》県の樸仔脚《ぼくしし》に生まれた。

ハレー彗星が接近し、韓国併合が行われ、大逆事件が起きたという、多事な年だった。

百福は、幼くして両親を亡くした。

兄が二人、妹一人という四人兄弟だった。兄弟は祖父に引き取られた。

祖父は、呉服屋を営んでいたという。

大家族で、大きな丸い食卓で、家族はもちろん店員から、来合わせた顧客までが食事をとったという。

百福は、暇があると店にでて大人たちの商売のやり方を眺めていた。大きな、五つ玉の算盤が好きで、幼い時から足し算、引き算、掛け算ができたという。

小学校に通うようになると、自分で朝食と弁当を誂《あつら》えた。

尋常小学校を終え、祖父の仕事を手伝うようになった。

取引とは、取ったり引いたりするもので、取りすぎて相手を殺してしまってはならない、というような道理を、当時、すでに認識していたという。

二十二歳で百福は、『東洋莫大小《メリヤス》』と名づけた会社を台北市に設立し、独立した。

祖父が織物を扱っていたので、その邪魔をしないようにと気を遣って、編み物のメリヤスを売る商社にしたのである。

創業資金は、祖父が管理していた亡父の遺産で賄った。

百福が考えていた通り、メリヤス商売は大成功した。

内地から商品を仕入れても、仕入れても、間に合わないという大繁盛。

結局、昭和八年に、船場にも近い堺筋沿いの唐物町二丁目（現、大阪市中央区久太郎町一丁目辺）に、問屋として日東商会を設立した。

百福は、和歌山から、大阪、東京とどこにでも出向いて、製造過程を工夫した。商品を、特注品にすることで、利益を確保する方法も学んだ。

メリヤスの取引に自信を得た百福は、当時、日本一のメリヤス業者と謳われていた老舗『丸松』の門を叩いた。

けれども、商談は上首尾にいかなかった。

百福は、特注品を専門にしているので、既製品は不要なのである。そのことを貿易部長に説明したが、どうしても、話が通じない。

業を煮やして、「生産の現場責任者の方を紹介していただけないでしょうか」と、失礼を承知で頼んだ。

部長は、不機嫌な貌《かお》をしつつも、責任者を呼んでくれた。

現れたのは、五十代の藤村捨治良《すてじろう》工場長だった。

すぐに意気投合し、年齢の差にかかわりなく、話をして尽きることがなかったという。

しまいには、藤村家で、食事をさせてもらうほど、懇意になった。

ある日、藤村に誘われた。

「飛行機で東京まで行ってみないか」

当時は、民間航空機の草創期である。

大阪の八尾空港に行くと、翼が布張りの単葉機がある。翼を叩くと、ボンボンという不景気な音がする。

これで、東京まで飛べるのか……。

不安だったが、いざ離陸すると快適だった。

富士山の上を飛んだ。

パイロットが、言った。

「操縦してみますか？」

自動車も運転したことがない百福が、操縦桿を握った。

操縦桿を握った直後、突然気流が激しくなり、機体は不安定になって、急上昇と急降下を繰り返すようになった。

藤村は、青い顔をしていたが、百福は、愉快でしょうがない。

大阪から東京まで、二時間半でついた。

∴

百福は、メリヤス以外の商売にも、手を出すようになった。

近江絹糸の社長だった夏川嘉久次《かくじ》らと、蚕糸事業を試みた。

ヒントは、ひまし油だった。本来は、下剤なのだが、飛行機の潤滑油としても使われるようになり、かなりの需要が見込めた。

蚕は普通、桑の葉で飼うが、百福が実験したところ、ヒマの葉も食べることが判明した。

少し繭が黄色いが、成長が早かった。

ヒマを栽培して、実からひまし油を取る。

繭は、夏川の会社が糸にし、福井の繊維工業が織物にし、三井物産が販売する……。

資本金五十万円で始めた事業は、順風満帆、成功間違いなしの計画だったが、中断を余儀なくされてしまった。

国際情勢が悪化し、戦争が始まったのである。

∴

戦時中、百福は、川西航空機の下請けとして、軍用機を生産する工場を経営していた。

軍需工場であるから、資材や部品は国から提供される代わりに毎日、軍による、厳しい点検が行われる。

ある日、資材担当の社員が耳打ちした。

「どうも数が合いません。誰かが、横流しをしているようです」

百福は、驚いた。

軍の資材に手をつければ、殺されても、仕方がない。

そういう時代だった。

百福は、国の物資を横流しにした濡衣を着せられ、留置場に入れられた。
六、七人がようやく座れるくらいの広さだった。
しかも、取り調べは暴力的だった。

いつの間にか、百福の自白調書が作成されて署名を強要されたが、従わなかった。

「死んでもいいから、正義を守りたい」

一番困ったのは、食事だったという。

毎日、毎日、麦飯と漬物。

食器は汚れていて、酷い臭いを発していた。

とても食べる気にはなれず、絶食した。

すると同房の囚人たちは、争って百福の飯を奪いあった。

あさましい、とは思わなかった。所詮、人間も動物ではないか。

百福は、食事はすべて同囚にわけ与えた。

食を断ってしばらくすると、下痢が始まった。余りの衰弱ぶりに同囚の仲間も、心配してくれた。

結末は、あっけなかった。

釈放になる仲間が、「力になれることはないか」と訊いてくれたのである。

百福は、井上安正陸軍中将に、自分の現状を伝えてくれ、と頼んだ。

翌日、憲兵隊から解放された。

四十五日ぶりに、自由を獲得したが、勾留による傷跡は、はなはだしいものだった。

大阪市北区の中央病院で、長期の療養を余儀なくされた上に、腹部の痛手は持病となって、二度の開腹手術を受けなくてはならなかった。

退院後、大阪府吹田市の自宅に帰ったが、空襲が激しくなったので、兵庫の上郡《かみごおり》に疎開した。世話になった井上中将を招待して、牛肉と鹿肉をふるまった。

食糧が払底していた時期なので、中将は喜んだが、食べ過ぎて、腹を痛めてしまった。

百福は、上郡で終戦を迎えた。

青畳の上で思い切り体を伸ばし、玉音放送を聴いた。

∴

百福は台湾で一度結婚していたが、大阪の関西財界の社交場「大阪倶楽部」の受付嬢だった安藤仁子《まさこ》と知り合い、昭和二十年に結婚した。

百福は、妻と二人で、上郡から満員の汽車に乗って、大阪に行った。

大阪駅に出てみると、大ビルとガスビルが残っているだけで、あとは一面、瓦礫の山だった。

道傍には、焼けた遺体が散乱している。

百福の事業の柱だった唐物町の事務所も、天王寺勝山通りにあった航空機部品工場も、すべて焼けていた。

しばし茫然とした後、久原房之助《くはらふさのすけ》を訪ねた。

久原は、山口の人である。

東京商業学校を卒業した後、慶應義塾に学び、藤田組で支配人を務めた後、日立鉱山の開業に携わり、久原鉱業を設立した。

立憲政友会に入会して衆議院議員となり、逓信大臣等を歴任した人物である。

百福は、久原に勧められて、土地を買った。当時、土地は安かったという。とにかく食糧を手に入れることが最優先だったので、土地を売る人が多かったのである。

心斎橋では、一軒の店が五千円で買えた。

そごう百貨店の北側、三軒を買い、梅田新道の地所も買った。

不動産を買いあさっている間にも、夥《おびただ》しい数の飢えた人々や、行き倒れを見た。

「やっぱり、食が大事なんだ。衣食住というけれど、食糧がなければ、芸術も文化もあったものではない」

「食足世平《しょくそくせへい》」という、後の日清食品の企業理念はこの時に誕生した。

泉大津で、生活は落ち着きを取り戻した。豊かな自然が残っていて、海は澄んでいたし、少し沖まで行けば、魚はいくらでも獲れた。

「こんな天然資源をほっておくなんて、もったいない」

百福は考えた。

食塩を作ればいいのではないか……。

塩がなければ、人間は生きてはいけない。そのために大規模な設備を用意すれば、儲かるだけでなく、国民の生活にも資するだろう。

百福は、泉大津の砂浜に見渡す限りの鉄板を並べた。

陽ざしを浴びて、火傷する程、熱を帯びた鉄板の上に海水を流す。

その作業を何度も繰り返すと、塩分が濃縮され、最後に濃縮液を、大きな釜で煮詰めると塩の出来あがりである。

塩の生産は、軌道にのった。泉大津の市民には、ただで塩を配ったという。

∴

昭和二十二年十月。

東京地裁の山口良忠判事が、ヤミ米の購入を潔しとせず、栄養失調で亡くなった。

そうした、食糧をめぐる厳しい環境を前にして、百福は食糧について、改めて取り組む覚悟をし「中公総社」(後の日清食品)を設立した。

最初に取り組んだのは、病人食だった。

当時は、入院している患者が、病気ではなく、食糧の不足のために亡くなるという、いたましい状況であった。

百福は、大阪市の衛生研究所や農林省食品局長を務めた坂田英一の支援を受け、病人用の栄養食品の開発に着手したのである。

国民栄養化学研究所を設立して、牛や豚の骨からたんぱく質エキスを抽出することに成功し、ペースト状の栄養食「ビセイクル」を作って病院に供給した。

∴

百福がインスタントラーメンの開発に着手したのは昭和三十二年のことであった。

当時百福は理事を務めていた信用組合が破綻したため全財産を失い、大阪池田市の借家に家族と住んでいた。

逆境の中、百福は屋台のラーメン屋に並んでいる大勢の人たちの姿を見て、家で手軽に作れるラーメンを作ろうと決意し、借家の裏庭に小屋を建て、研究を始めた。

一日も休まず研究を続けた結果、昭和二十三年八月二十五日、世界で初めてのインスタントラーメンである「チキンラーメン」が発売された。

それは熱湯をかけて二分待つだけでラーメンができるという画期的なものだった。

いちばん苦労したのは麺をいかに乾燥させるかということだった。

天日で干したり、風を当てたりなど様々な試行錯誤がなされたが、うまくいかなかった。ある日、台所で妻が天ぷらを揚げているのを眺めていた百福は、鍋の中で泡をたてながら水分をはじき出していくのを見て、「これだ！」と閃いた。

麺を油で揚げると、ほぼ完全な乾燥状態となり、しかもお湯を注ぐと水分の抜けた穴から吸収され、元の柔らかい状態に戻ったのである。

発売当初の値段は三十五円。うどん一玉が六円の頃であるから、かなり高い。しかし、テレビコマーシャルをうつと人気に火がつき、注文が殺到した。

当時の常識では考えられないラーメンだったため、「魔法のラーメン」と呼ばれたという。

（「安藤百福クロニクル」日清食品ホームページ）

∴

昭和四十一年、安藤百福は、初めての欧米視察旅行に出ることにした。

世界に即席麺を普及させるヒントを得たかったのだという。

この旅行で、百福は、大きな収穫があった。

ロサンゼルスのスーパー、HM社にチキンラーメンを持っていった。

バイヤーに試食を頼んだら、彼らは戸惑っている。

何の気なしに、紙コップを持ちだした。

チキンラーメンを二つに割ってコップに入れ、お湯を注いでフォークで食べ、コップはゴミ箱に捨てた。

目から鱗が落ちるとは、このことか……。

欧米人は、箸と丼では食事をしない。

その、当り前のことに、今の今まで、気づかなかったのである。

昭和三十五年の夏。

『味の素』の会長だった三代目鈴木三郎助が、高槻工場にやってきた。工場の設備を観察し、何度も足を運んでくれた。その後、『味の素』の社長になった鈴木恭二に挨拶に行った。

「アメリカに輸出したチキンラーメンが、売れているようですが……現地生産をしてはいかがですか」

生産はできるけれど、販売ルートがないのです。

正直に百福は答えた。

「それでは、一緒にやりませんか。販売はうちがやりますから」

『味の素』は、すでに米国市場の販売網をもっていた。

三菱商事に行って、話をすると、食品本部長から「当社も一枚加わらせてください」。

昭和四十五年、アメリカ日清が設立された。

インスタント・ラーメンが、いよいよ海外市場に乗り出したのである。

百福は、市場調査に大金を注ぐことを好まなかった。

アメリカで、調査をした結果には失望した。

アメリカ人は動物性タンパクを好むから、澱粉主体の麺は売れない……欧米人は猫舌だから熱いものは食べられない……。

百福は、ロサンゼルス郊外のスーパーマーケットで、アメリカ向きに開発した「トップラーメン」を試食販売した。

消費者の反応は、日本と変わらなかった。

すぐにヌードルが出来上がるのに驚き、フォークで器用に麺を食べている。

百福は、チキンラーメンに次ぐ製品を温めていた。

何よりも重要なのは容器だった。

陶磁器、ガラス、紙、プラスチック、金属などの容器を片端から集めた。

その結果、当時まだ日本では目新しい素材だった発泡スチロールに目をつけた。

軽いし、断熱性が高く、安価だった。

けれども、昭和四十五年当時に発泡スチロールを使っていたのは、魚のトロ箱ぐらい。

厚みは、二センチもあったという。

食品容器としてはとても使えない。

薄く、通気性の少ないものにする必要があった。

カップの形状を「片手で持てる大きさ」に決めたが、日本には、成形できるメーカーがまだなかった。

製缶メーカーに依頼して、側面と底を張り合わせるという手法を導入したが、カップは底が抜けたり、割れたりした。

やむなくアメリカのダートインダストリーズ社から、技術を導入し、合弁で「日清ダート」を設立した。

臭いがなく、食品容器にふさわしい品質までに精製するのが大変だったけれど、最終的には米国の食品医薬品局基準をはるかにしのぐカップが完成した。

最大の難関は、厚さが六センチにもなる麺の塊を均一に揚げる方法だった。

麺をほぐした状態で油の中に入れると、油熱の通った麺から順番に浮き上がってくる。円錐形をした鉄の型枠に一食ずつ、ばらばらのまま麺をいれ、蓋をして揚げてみた。すると麺は、蓋につきあたって下から浮き上がってきた麺に押し上げられる。

麺は上部が密で、下が疎という状態で、湯の通りについては理想的だった。

何度目かの米国出張の帰り、飛行機のなかで、思わぬヒントを得た。

直径四・五センチほどの、ナッツが入ったアルミ容器には、紙とアルミ箔を張り合わせた上蓋が密着していた。

……これは使える。

カップヌードルの開発は、山を越えたと思ったが、さらに大きな山が控えていた。

上が広く、底の方が狭い容器に麺を収めるのが難しかった。

麺を容器より小さくすると、ストンと中に落ちる。これでは、麺が壊れてしまう。

それでは、麺を伏せて、上から容器を被せてしまえ。

そこから発想されたのが「中間保持」という技術だった。やってみると、麺は容器の中間にしっかりと固定されている。

このアイデアは、実用新案として登録され、様々な副次効果をもたらしたのである。

開発を進めるうちに、画期的な商品が生まれるという手応えがあった。

百福は、時間に追われるようにして、茨城県取手市に三万三千平方メートルの工場用地を買った。

昭和四十六年五月、経団連会館で発表会を開いた。試食した人々は、みな美味しいといってくれたが、感動はしていない。

問屋は袋麵が二十五円で安売りされている時代に百円は高い、と。

発売から二ヵ月後、銀座三越前の歩行者天国で試食販売をした。

若者たちは、座らずに、立ったまま食べた。

同じ光景が、浅間山荘事件の時にも起きた。

連合赤軍が立て籠もった山荘を包囲した機動隊員達は、みなカップヌードルを食べ、暖をとっていたのである。

百福は、日本の食文化に革命を起こした。

麻生太賀吉

Aso Takakichi

1911-1980

二〇二〇年十月、菅首相と閣僚の資産が公開された。首相は九位の六千二百七十七万円。一位は当然のことながら、麻生太郎副総理兼財務担当大臣で、彼は長かった第三次安倍内閣から、トップを独走している。

麻生の資産は、東京都渋谷区の自宅と地元の福岡県飯塚市などに所有する不動産が大部分を占めている。

飯塚市に拠点を置く、株式会社麻生は明治の初め、目尾御用炭山《しやかのおごようたんざん》を採掘し石炭業に着手したことにその端を発する。

初期の麻生は筑豊の発展とともに成長し、やがて銀行、電力、鉄道、病院などの事業も手がけるようになる。

戦後は石炭からコンクリートへ大転換に成功し、さらに福祉、教育、建設、環境、地域開発など多角的に事業を展開。現在七十社を超える麻生グループを形成するに至っている。

この礎を築いたのが、太郎の曽祖父・麻生太吉であり、戦後のエネルギー革命を乗り切り、さらなる発展を実現させたのが父・太賀吉であった。

∴

麻生の先祖は福岡県の中央部、筑豊地方に古くから住み庄屋として地域を治めていたが、そもそもは武士の出であったらしい。

「麻生家は古来士族として武を以《もつ》て立つて居たが、孰《いず》れの時代からか此《こ》の地立岩栢《たていわかや》の森に土着し、一大丘陵の麓に家を構へて連綿として帰農士豪の生活を続けて居た」（『麻生太吉翁伝』）

慶応四（一八六八）年一月、明治が始まる直前に、太吉の父・賀郎が村に対する貸渡金五百九十五両余りを免除したために、倅の代までの「大庄屋格」を申し付けられ、「麻生」の苗字を名乗ることを許された。

太吉は明治五年、十六歳で元服すると、村人三人と共同で目尾御用炭山の採掘を始めた。まだまだ石炭が注目されていない時代である。庄屋のおぼっちゃまが炭塵にまみれ、濁水に浸って働く姿に周囲は驚愕し、麻生の家も終わりだと囁き合った。

しかし、将来の国家産業の興隆は燃料である石炭に懸っているのだという太吉の確信は揺るがなかった。

弱冠十六歳の少年がこうした確信を持つにいたったのは、生まれ育った筑豊という土地が広大な炭田を擁していたことが無関係ではないだろう。風土が太吉の中に石炭への関心を喚起させたのだ。

明治六年、太吉は鞍手《くらて》郡に住んでいた吉川半次郎の六女ヤス子と結婚し、四男四女をもうけた。

父の協力のもと、鯰田《なまずた》、忠隈と新しい炭山に手をつけ、地道な努力によって炭坑を開いていった。

この間、国の殖産興業政策により、全国に新しい工場が次々に建設され、鉄道や航路の延長により石炭の需要は急激に増加していたが、石炭に目をつけた東京、大阪の三井、三菱、住友といった財閥が大資本と最新技術をもって、この業界に進出してきたため、石炭の供給過剰状態になってしまった。

せっかく採った石炭が売れないのでは、話にならない。

この苦境を、太吉は鯰田炭坑を三菱に、忠隈炭坑を住友に売却することで乗り切った。鯰田は十万五千円、忠隈は十万八千円という当時としては巨額の金で売れ、それを資金にして、太吉は新しい炭坑の開発にかかることができたのだった。

∴

日清戦争という追い風もあり、石炭業界は好況となった。

太吉もその恩恵に浴したが、そこで得た利益を石炭業とは別の事業に向けることを決めた。明治二十九年三月、資本金十八万円の嘉穂銀行が設立され、太吉は初代頭取に就任したのである。

鉄道事業にも着手し、いくつかの会社の役員になるなど、実業家として成長していく。もちろん本業の石炭業にも精力的で、綱分、豆田、吉隈と、次々に新しい炭坑を開いていった。

太吉は鉱員たちを大切に扱った。自ら炭坑にもぐっていき、ひとりひとりに声をかけて激励した。

明治四十年代には電気事業にも参入し、九州の実業界をリードする存在となる。

大正七年には株式会社麻生商店を設立して社長となり、得意の絶頂にいた太吉に不幸が襲ったのは翌年のことだった。

三男の太郎が腸チフスで急逝したのだ。三十三歳だった。

太郎は「父君の美質を稟《う》け頭脳明晰、性豪胆にて良く人を御し、店内の衆は悉《ことごと》く悦服し、天晴れ好箇の後継者を以て嘱目されて居た」(同前)という人物で、長男が夭折、次男もアメリカ留学中に客死している太吉にとっては頼みの綱だったのだ。

しかし、悲嘆に暮れてばかりもいられない。太吉はただちに自分の後継者となるべき人物を定めた。

それは、当時まだ八歳であった、太郎の長男・太賀吉であった。


「川筋気質」という言葉がある。

筑豊を流れる遠賀川《おんががわ》の川筋に生きる人たちの気性を表す言葉で、「理屈をこねない」「竹を割ったような潔い性格」「宵越しの金を持つことを恥とする」といった特徴が挙げられる。

こうした気質は、筑豊の炭鉱で働く男たちの生き方から生まれた。

重要なのは、労働の体験と開拓者的な明るさが根本にあるということで、やくざの任侠とは意を異にする。

麻生家の人間は太吉の代から石炭業に着手し、筑豊の炭鉱とともに生きた。

しかしながら、太吉も太郎も太賀吉も、「川筋気質」とは縁遠いように思える。

それはおそらく、彼らの家がもともと庄屋であり、土地の治者であったからだろう。

炭鉱王と呼ばれた貝島太助、伊藤伝右衛門はいずれも炭鉱夫出身であり、まさに「川筋気質」を地でいくような人物だった。

貧しさから抜け出すために、石炭を掘って一発あてることを目論み、それに成功して巨万の富を築いた者たちである。

だが太吉は地元の声望家であり、自分一人が儲けるだけでなく、石炭を企業化し、地域を発展させることを考えていた。

∴

太郎の死後ただちに、太賀吉の教育が開始された。

田舎の学校に通っていたのでは勉強が遅れると、太吉は太賀吉に家庭教師をつけた。

しかし、それだけでは十分ではないと、太賀吉を東京に送り、学習院に通わせた。

弟の典太は兄について、こう語っている。

「帝王学などというと大仰かもしれませんが、兄と私はやはり異なった教育を受けましたね。兄には母も含めて太賀吉さんと呼び、私は呼び捨てでした。兄には敬語がつかわれましたし、周囲の者にも兄が祖父の事業を継ぐということをわからせていました。それと母からは決してこちらの方言をつかってはいけない、話し言葉は標準語でといわれていました」（「筑豊の栄枯盛衰と麻生一族」保阪正康）

太賀吉は中学の初めまで学習院に通ったが、大正十二年の関東大震災で福岡に戻り、福岡中学に入った。

中学卒業後は大学には進まず、九州大学法文学部の聴講生となり、また九州大学の教授が開いた塾などに通い、経営者になるための勉強を続けた。

この間、太吉は、電気、鉄道、林業、金山、セメントと、事業を拡大していった。

太吉が亡くなったのは昭和八年十二月八日。七十七歳だった。

葬儀には当時の飯塚市の住民四万人の大半が参列し、先頭が遠く離れた墓前で合掌している時、後列は麻生家の本家の中で足踏みをしていたという。

年が明けた昭和九年一月、太賀吉は二十四歳で、麻生商店の社長に就任した。

幸い石炭業界は好況だった。

昭和十年代はどの炭鉱も増産に次ぐ増産で、昭和十三年、麻生が持つ炭鉱の出炭量は百二十万九千五百六十一トンと、史上最高となった。

十五年には九州全体の出炭量の五パーセントを麻生グループが占めるまでになっている。

∴

昭和十二年春、太賀吉は見聞を広めるため、ロンドンに赴いた。

母の兄・加納久朗《ひさあきら》が横浜正金銀行のロンドン支店長として赴任していた。その家を訪ねたとき、太賀吉は一人の女性と知り合った。

当時駐英大使だった吉田茂の三女・和子だった。

お互いに一目惚れをした、というわけではないが、いい組み合わせだということで、まず吉田と親しい白洲次郎が二人の間をとりもった。太賀吉が東京に戻ると今度は、和子の母方の祖父である牧野伸顕に呼び出された。

牧野が太賀吉の人柄を気に入り、吉田に結婚を勧める手紙を出し、結婚話はどんどん進んでいった。

昭和十三年十二月十一日、二人は結婚した。式は東京・神田の天主公教会で行われた。和子はカソリック信者だったのだ。

筑豊の石炭業界に君臨する麻生商店の若き社長と外交官令嬢で聖心女学院卒の才媛の組み合わせは、新聞の紙面を賑わせた。

二人は結婚の引き出物として、飯塚市に図書館を寄贈した。土地と建物の経費三万円に図書券一万円を贈ったのだ。

人口四万人ほどの市がこの時期に図書館を持つというのはほとんどありえないことだったという。

和子はロンドンから飯塚市に移り住み、十五年に長男・太郎、十七年に次郎、十九年に長女・雪子が誕生した。

戦争が始まり、鉄道、電気、銀行などの会社は国家総動員体制で国の管理となり、麻生は石炭業に集中することになった。

太平洋戦争中、麻生グループの社員八十人が南洋に出ていたが、終戦とともに全員無事に戻ってきた。

麻生の戦後が始まろうとしていた。

昭和二十一年五月二十二日、吉田茂内閣が成立した。

戦後、自由党総裁の鳩山一郎が公職追放となり、その後任として総裁を引き受け、内閣総理大臣に就任したのだ。

その後、社会党の片山哲、芦田均に政権が移るが、昭和二十三年には再び内閣総理大臣の座に返り咲き、それから六年余りもの間、首相の座に座り続けた。

二十四年一月の総選挙で、麻生太賀吉は福岡四区から出馬し、当選した。

政治家になるつもりなどまったくなかった太賀吉だが、少数党内閣で苦労をしている岳父を見るに見かねてのことだった。

太賀吉は家族揃って東京都渋谷区の神山町に居を移し、その私邸から毎日、首相官邸に通うことになった。

太賀吉は吉田の相談役であり、代弁者であり、金庫番だった。

吉田は金が足りなくなっても、「麻生が振り込んでくれる」と、悠々としていたという。吉田政権時代の政治資金は太賀吉が工面していたのである。

それができたのは、その頃はまだ石炭業が好況だったからだろう。

政府が戦後復興のエネルギー源として石炭の増産を打ち出し、朝鮮戦争という追い風もあって、昭和二十五年から二十八年にかけて、筑豊には三百を超える鉱山が乱立した。人が集まり、金がうなった。

しかし、それはほんの一時のことだった。間もなく石炭は安価なエネルギー源の石油にのりかえられたのである。

∴

昭和四十年代に入ると、麻生が飯塚に持っていた七つの炭鉱は次々に閉山していった。四十四年、最後の吉隈炭鉱が閉山となり、明治五年に太吉によって始められた麻生の石炭業は幕を閉じた。

しかし、太賀吉はこの時がくることを見越してセメント業に力を注いでいた。石炭業から完全に撤退する三年前には、セメント部門のみを独立させ、麻生セメント株式会社を発足させている。このセメントが麻生の起死回生の事業となったのである。

この頃、太賀吉の長男、太郎は学習院大学を卒業して産経新聞に入社し、社員のままロンドンの大学に留学していたが、留学中に太賀吉が勝手に会社に辞表を出してしまった。

この時の太賀吉の弁はこうだ。

「うちの会社は、いつ潰れるかもしれん。若いうちに、そういう潰れそうな会社にはいって、苦労するのも、いい経験になるぞ」（「転機に立つ名門財閥の御曹司社長　麻生太郎」武田繁太郎）

父親の言葉に従い、太郎は麻生産業に入り、太賀吉のもと、経営者としての見習いを続け、昭和四十八年、三十三歳で麻生セメントの社長に就任した。

この時、太賀吉は六十二歳。まだまだ働き盛りと思われたが、経営の一線から退いて会長となり、ゴルフ三昧の生活に入る。

二十四歳という若さで社長になってから、麻生のために働き続けてきた太賀吉は、自分の愉しみのための時間を渇望していたのかもしれない。

太賀吉は福岡ゴルフ倶楽部・大保コースが大正十五年十八ホールで開場した時からの会員であり、ゴルフ歴は長い。

太郎に社長の椅子を譲ってからは、炭鉱跡地に麻生飯塚ゴルフ倶楽部を造り、自ら社長兼理事長になって、プレイを楽しんだ。

太郎が会社を発展させてくれることを望んだ太賀吉だったが、昭和五十四年、太郎は麻生セメントの社長を辞任して政界に入り、代わって当時専務だった弟の泰が経営にあたることになった。太賀吉が亡くなる一年前のことである。

∴

飯塚市柏の森には今もなお、太吉の代から続く麻生本家が残っている。

敷地二万坪、家屋六百坪という豪壮な邸宅で、庭園は贅が尽くされ、茶室を何軒も備えている。

この本家の廊下には、「程度大切、油断大敵」と書かれた木版の額が掲げられている。

太吉が弱冠十三歳の時、仔牛を連れて牛馬のエサにする草を取りに行き、仔牛が動けなくなるほど大量の草を背負わせて、父の賀郎に厳しく叱責されたことがあった。

この時賀郎の説いた「程度の大切さ」は太吉の心を強く打ち、自ら「程度大切、油断大敵」と書くと、それを生涯座右の銘とした。

これは太賀吉にも引き継がれ、石炭の好況時にも浮かれずに社内留保を蓄えた。だからこそ、不況時にも、給料の遅配、欠配は一度もなかったのだ。

「飯塚に育ててもらった恩義は忘れるな」を口ぐせにしていた太賀吉は、どんなに会社が苦しい時でも、飯塚の土地だけは手放さなかった。

株式会社麻生の本社は明治から現在にいたるまで、飯塚市から動いていない。

田中角栄

Tanaka Kakuei

1918-1993

戦後の日本の政治家の中でも、田中角栄は、極めてユニークな存在である。尋常高等小学校を卒業した後、徒手空拳で事業を始め、二十八歳で政界に進出した。三十九歳で岸内閣の郵政大臣に就任後は、閣僚、自民党幹部を歴任し、昭和四十七年、五十四歳で宰相にまで昇りつめた。まさしく庶民のチャンピオンと呼べる、快男児であった。

しかしながら金権政治に塗《まみ》れ、公私ともに莫大な金を使ったことも事実である。なぜ角栄はそれだけの金を集めることができ、また使うことができたのか――。

∴

角栄の人生は大正七年五月四日、新潟県刈羽郡二田村に始まる。

祖父の捨吉は農業の傍ら宮大工の仕事をし、父の角次は牛馬商を営んでいた。

角一という兄がいたが、早世したため、姉二人、妹四人にはさまれた唯一の男児として、大切に育てられた。

角栄というと、小学校卒という学歴が取沙汰されるが、成績はよかったのだ。教師からも柏崎の中学への進学を勧められていたくらいだが、それを諦めたのは、父親の事業の不振が理由だった。

米一俵六、七円の時代に、一頭一万五千円のホルスタインを三頭輸入したが、輸送中に二頭、村に着いてから一頭が死に、残ったのは借金ばかり。

競走馬を持っていて、東京や横浜の競馬場のレースにも出場していたが、いっこうに勝てず……。

逼迫する家計を支えたのが母のフメだ。

「いまとちがって、むかしの農村では、百姓仕事のほかに収入をえるみちはなかった。こめの積み出しぐらいだ。坂田から西山駅まで二キロのひどい道を、母は米一俵を、ばたにのせて背中にかついで歩いた。往復二時間近くはかかる。それを、一日に四、五回はこんだ。雪のはげしいときもやった。それで、一俵あたり十銭か十五銭だった」(『わたくしの少年時代』田中角栄)

フメはまさか、自分の息子が後に日本の総理大臣となり、億単位の金を動かすようになるとは夢にも思っていなかったに違いない。

尋常高等小学校を卒業した角栄は土木の仕事に着手した。その頃新潟県では国の補助を得て「救農土木工事」が開始されていたのだ。

ある日、工事現場で一緒に作業をしていたおじいさんがこう言った。

「土方、土方というが、土方はいちばんでかい芸術家だ。パナマ運河で太平洋と大西洋をつないだり、スエズ運河で地中海とインド洋を結んだのもみな土方だ。土方は地球の彫刻家だ」

(『田中角栄』早野透)

後に角栄は「土方代議士」と揶揄されるようになるが、そうした批判に堂々と対峙できたのは、十五歳の時に聞いたこの言葉が心にあったからだといわれている。

柏崎土木派遣所で働いていた角栄に東京に出るチャンスが訪れた。

農村工業論を唱え、柏崎に工場を建設していた理化学研究所の大河内正敏先生が書生として迎えてくれるという。

勢い勇んで東京に出た角栄だったが、書生の話は通っておらず、門前払いをくった。

しかし、そんなことですごすご新潟に引き返す角栄ではない。

群馬に本社がある土建会社井上工業の東京支店に住み込みで働き、夜は神田の中央工学校に通った。その後『保険評論』という雑誌を発行する小山哲四郎の書生になったり、貿易商高砂商会に就職したりと職を転々とする。

その頃になってようやく父親の事業が波に乗ってきて、大学に行く金を出してもいいと言ってきた。

満州事変後、若い世代に軍人志望熱が高まっていた時である。角栄は海軍兵学校を目指して猛勉強を始める。ところが、そこへ、母が病に倒れたと知らせが入る。

角栄は真剣に考えた。

海軍兵学校を卒業して少尉になってもらえる月給は八十五円。中尉になり、さらに大尉になるまでには十年かかり、大尉の月給は百五円。これでは到底母に尽くすことはできないし、息子の務めも果たせない。

海軍への望みを絶ち切り、実業家としての道を進むことを決意する。

∴

この頃、すでに角栄は共栄建築事務所を立ち上げていた。しかも事業は順調で、月に五百円もの収入がある時もあった。大尉の五倍もの収入を得ていたのである。

これには大河内正敏との不思議な縁が関係している。角栄は仕事で訪れた理化学研究所のエレベーターで偶然大河内と乗り合わせた。角栄を部屋に呼んだ大河内は角栄が自分の家で門前払いをくったことを知る。また、柏崎とのつながりに親しみを覚える。

以後、理研の仕事が角栄の会社にどんどん回ってくるようになった。

戦況が厳しくなり、徴兵されるも病気になって帰国。幸い病状は回復し、昭和十八年、田中土建工業株式会社を創立して社長となる。

二十二年には二十八歳で衆議院議員に初当選。ここから角栄の政治家人生が始まったのだ。

東京都新宿区にある神楽坂通りは、午前中は下り、午後は上りの一方通行となる。日本で唯一と思われる「逆転式一方通行」の規制が神楽坂通りに導入されたのは昭和三十三年だが、それには田中角栄が関わっているといわれている。角栄が朝、目白の自宅から国会議事堂に向かい、夜、帰宅するのに便利になるよう、この方式ができたというのだ。

正式な記録は残っておらず、都市伝説の一つに過ぎないのだが、あの角栄ならと、思わず信じてしまう話である。

実際、角栄と神楽坂の関わりは深い。

∴

昭和十六年、角栄は麹町区飯田町二丁目に建築事務所を開いた。現在のＪＲ飯田橋駅の東口を出たあたりだ。西口を出れば、すぐ神楽坂である。翌年、家主の坂本木平の娘はなと結婚した角栄は、新居を神楽坂からほど近い高台の牛込南町に構えた。

神楽坂は待合、芸妓置屋、料亭の街である。二十二年新潟三区から出馬して衆議院議員に初当選した角栄の政治活動は、ここ神楽坂をホームグラウンドに展開されていく。

まだ議員になる前の昭和二十一年秋、角栄は待合「松ヶ枝」のお座敷で円弥という芸妓と出会う。彼女の本名は辻和子といい、芸妓置屋「金満津」の養女であった。

お座敷での逢瀬を重ねるうちに二人はお互いに好意を抱くようになったが、その頃角栄には妻と、正法、眞紀子という子供がいた。

「一緒になろうか」という角栄の言葉に、和子は逡巡する。

「縁あって、好きあう仲になっても、おとうさんには奥さまがいらっしゃいますし、お子さんもいらっしゃいます。奥さまもとても好感の持てる方でしたから、あちらさまの家庭を壊すわけには絶対にいきません。わたしは芸妓ですから、そうなると、一生日陰の身でありつづけることを覚悟しなければなりません」（『熱情』辻和子）

結局、和子のほうの気持ちも強く、角栄は和子の旦那になる。角栄二十九歳、和子二十歳の時であった。昭和二十六年には長男の京、三十二年には次男の祐が誕生し、二人とも角栄は田中の籍に入れた。二人の息子の間に眞佐という娘が生まれているが、一歳にも満たず亡くなっている。

昭和三十五年、京九歳、祐三歳の時に、角栄は歌手で女優の神楽坂浮子が売りに出した神楽坂の邸宅を買い、和子と息子たちが住む家にしたが、五年後にはすぐ近くに三百五十坪もの土地を手に入れ、新居を建てた。一階に七つ、二階に五つの部屋があり、大きな門と築山のある広い庭を備えた家だった。

昭和六十年、脳梗塞で倒れるまで、角栄は和子に月百万円の仕送りを続けた。

土地にしろ家にしろ仕送りの額にしろ、庶民の常識からはかけ離れている。一国の首相になった人間だからといって使える金の額ではないだろう。しかし、そこには角栄の意思が感じられる。正式な妻になれないまま自分と人生を共にし、自分の子供を産み、育ててくれた一人の女性への感謝と尊重、尽くしたいという思いだ。

角栄の長男の京さんは以前、銀座にバーを開いていて、いっとき私もその店に通っていた。京さんは、自分の名前の由来について、こんなことを語ってくれた。

「私が生まれた頃の日本の政府の財政予算は億でした。私の名前には、いつか兆をも超える京の金を動かせるようになりたいというおやじの思いが込められているそうです」

∴

もう一人、角栄とともに生きた女性がいる。

「越山会の女王」といわれた、角栄の秘書の佐藤昭子だ。

二人の出会いは、昭和二十一年に遡る。角栄が新潟二区から出馬した際に昭子が選挙運動を手伝ったのだ。

後に角栄は昭子に「おれはお前に一目惚れしてしまったんだ」と語っている。

その選挙では落選したが、代議士になると、角栄は自ら昭子に自分の秘書になってくれと依頼した。二十七年十二月一日に昭子が議員会館の角栄の部屋に顔を出した時から、二人三脚が始まった。

昭子はスケジュール管理、政治資金の調達、選挙運動、マスコミ対応などあらゆる仕事を請け負って角栄を支え続け、田中派の間で「ママ」と呼ばれる存在となる。

ずっと代議士と秘書の関係を続けていた二人だったが、大蔵大臣に就任した昭和三十七年、角栄は昭子に愛の告白をする。

「これから、おれが伸びていくためには、どうしても、おまえが必要なんだよ」（『角栄とともに生きた女』大下英治）

参議院のドンといわれた村上正邦は自著『だから政治家は嫌われる』の中で、角栄について「田中角栄って人は、世間では金権政治の権化みたいに思われているんだけど、お金だけであれほど人の心をつかむことはないんですよ。お金だけで人は動かない」といっている。

角栄は自分の中に理想を持っていた。その実現のために金を使った。だから人が動いたのだ。

昭和四十九年十月に発売された『文藝春秋』十一月号に掲載された二つの論文は大きな話題を呼んだ。一つは立花隆の「田中角栄研究――その金脈と人脈」、もう一つは児玉隆也の「淋しき越山会の女王」。田中角栄のカネと女性関係を暴く内容のものだった。

この二年前、四十七年七月に内閣総理大臣に就任した角栄は国民の熱狂的な歓迎を受けた。「日本列島改造」と「日中国交回復」を掲げた田中内閣は佐藤栄作の長期政権の閉塞を打開してくれるだろうという国民の大きな期待を受け、支持率六十二パーセントという記録的な数字を獲得した。

ところが、地方に公共投資を振りまく列島改造計画はインフレを引き起し、折からの石油ショックもあって、物価は異常なまでに高騰。角栄の構想は大きく挫折することとなる。

人気はまたたくまに下落、支持率は二十パーセント台まで落ち込み、四十九年七月の参議院議員選挙で自民党が後退と、発足二年で政権は苦境に陥っていた。

∴

「いまさら、田中首相の金権ぶりについては多言を要しまい。巷間《こうかん》伝えられるところによれば、総裁選では三十～五十億円を使ったといわれ、参院選では五百～一千億円を使ったといわれる。また参院選後の第二次角福戦争では、党内を固めるために十～十五億円のお中元を配ったといわれる」

立花の「田中角栄研究」はこうして始まっている。この論文は角栄の金脈の数々を暴いているわけではない。角栄の金のつくり方から使い方までを含めた金脈の全体構造を明らかにしているのだ。

論文によれば、角栄には、「政治家」「実業家」「資産家」「虚業家」の四つの側面があるという。虚業家とは実体のない、いわゆるユーレイ会社の運営に携わっているということである。

首相時代の角栄の申告所得は年間七千万円から八千万円であるが、彼の所得がその程度であるわけがなく、当然ウラ金が動いている。

昭和三十六年に日本電建の社長に就任したことをきっかけに角栄は巨大な金力を持つ虚業家へ飛躍したのだと、立花は指摘する。

日本電建の五十億円近い資金を元手に大量の土地と証券を買い入れるのと同時に角栄は、ユーレイ会社を次々に設立していった。

そうした会社を自分の分身にして、土地や株の名義人にしたのだ。土地ころがしと株の売買で儲かるのは日本電建ではなく、角栄のユーレイ会社という構造だった。

角栄の有名な資産としてはまず、目白台の大邸宅がある。約二千四百坪のこの邸宅は昭和四十九年当時、土地だけで評価額二十四億円であった。軽井沢の三つの別荘は合わせて約九千五百坪、評価額は四億七千万円である。

目白の邸宅が二倍に拡大されたのも、初めて軽井沢に別荘を持ったのも、虚業家として飛躍したこの時期に重なっているという。

政治資金にも当然オモテとウラがある。

「オモテ金とは、政治資金規正法の定めるところに従って、政党・政治結社が集めて費消したとして、自治省に収支報告がなされているものである。（中略）ウラ金のほうは、こうした形では世人の目に決してふれることのない、ヤミで集められ、ヤミで配られる政治資金のことだ」（「田中角栄研究」立花隆）

オモテ金の主な収入源は企業からの献金だが、もともと土建業から身を起した角栄は仕事をとるために金を出すのは当然と考えている。強制的に金をとられたと思っている企業も多かったようだ。

ウラ金はオモテ金よりもはるかに巨額で、主に株と土地によってつくられる。値上がりすると分かっている株、土地を角栄に安く買わせ、高く売らせるのだ。こうして、どんどん集まってくるオモテ金とウラ金を角栄は田中派議員や他派閥の隠れ田中派議員にばらまいた。

それは、一人百万円のこともあれば、数千万円のこともあった。この金で角栄は強力な人脈を形成したのである。

選挙ともなると、金の単位ははねあがった。四十九年の参院選では、自民党の関係者や候補者の陣営では「十当七落・五当三落」という言葉が飛び交った。

全国区で当選するには十億円が必要で、七億円では当選できない。地方区では五億円で当選、三億円では落選、という意味だ。

『文藝春秋』の論文をまっこうから否定し、国会で釈明すると言っていた角栄だったが、雑誌が発売されて二ヵ月後の十二月九日、金脈問題の責任をとって内閣を総辞職させた。

立花は田中角栄の退陣について、こう分析している。

「金力路線を走りはじめた為政者は、金儲け政治へ向かって〝ひた走りに走り続け〟なければ、走るスピードをゆるめただけで、パタリと倒れてしまう。（中略）そして、田中内閣が倒れたのは、金力でつなぎとめていたものが一斉に離反しはじめた結果、自壊したとみるのが正しいだろう」（『田中角栄研究　全記録（上）』）

しかしながら、ここで終わる角栄ではない。金脈問題を解決し総理に返り咲くことを目論んでいたのだが、あの事件が起きてしまった。

一九七六年二月四日、アメリカ上院外交委員会多国籍企業小委員会の公聴会でのことであった。

ロッキード社の海外不正支払いを追及していた同委員会により、ロッキード社が、新型旅客機トライスターを全日空に購入してもらうため、日本の右翼運動家の児玉誉士夫、総合商社の丸紅を仲介して日本の政府高官に総額数十億円にも上る賄賂を渡していたことが暴露されたのである。

このニュースは翌日の五日、朝日新聞が朝刊に至急電のトクダネとして掲載、朝からテレビも報じ、夕刊には一面で大々的に取り上げられた。

その後のさらなる追及で、ロッキード社が使った賄賂は、児玉誉士夫に二十一億円、政府高官に六億円であることが分かった。「ピーナッツ百個受領しました」という暗号領収書なども公表され、話題となった。

しかし、政府高官が誰かということについて、アメリカは口を閉ざした。キッシンジャーが、外国政府を窮地に陥れることを危惧し、情報開示をストップさせたのだ。

日本の国会で野党が自由民主党を追及するも埒があかず、当時の首相であった三木武夫が独断でアメリカのフォード大統領に、事実を明らかにしてほしいと書簡を送った。

∴

一九七六年七月二十七日、田中角栄は東京地検に呼ばれた。容疑は外国為替管理法違反。検察は当然受託収賄を狙っていたが、この時は別件逮捕だった。徹底した家宅捜査が行われた。前首相の逮捕という前代未聞の事態に、日本中が騒然となった。

八月十六日、東京地検は田中角栄を受託収賄罪と外為法違反で東京地裁に起訴した。総理大臣の職務権限のもとで運輸相を指揮、全日空のトライスター導入にからんでロッキード社から五億円の賄賂を受け取ったという容疑だった。角栄とロッキード事件との関わりが公に明言されたのだ。

翌日、角栄は二億円の保釈金を支払って、東京拘置所を出た。

これについて、鈴木宗男は自著『汚名』の中で次のように書いている。

「あの田中角栄でさえ、ロッキード事件のとき、拘置所生活に耐えられず、検察の調書にサインしてしまった。わずか二〇日間、勾留されただけで、二億円払って保釈してもらおうと、罪を認めたのだ。結果は周知の通り。罪を認めたのが致命傷となり、角栄は有罪判決となる。あの田中角栄でさえ、検察の消耗戦には勝てなかったのである」

しかし、角栄も負けてばかりではなかった。同年十二月五日の総選挙には新潟三区から出馬して十六万八千五百二十二票を獲得し、圧勝した。

新潟県民にとって、角栄はロッキードの被告ではなく、陳情を聞いてくれ、新潟のために尽力してくれる「おやじ」だったのだ。

立花隆は「新・田中角栄研究」の中で、五億円という金は田中金脈の中では、さしたる額ではないが、賄賂を受け取った後の角栄のオモテ金の支出を見ると、ウラ金の大きさが分かると指摘している。

ロッキード社が丸紅に五億円を支払った日は次の通りである。

七三年八月十日　一億円
七三年十月十二日　一億五千万円
七四年一月二十一日　一億二千五百万円
七四年二月二十八日　一億二千五百万円

この収入に対応する支出があるかどうか田中系政治団体の帳簿を立花が調べてみたところ、それぞれ代議士へのほんの数百万円ずつの支出が確認されるだけであった。

つまり、五億円のほとんどがヤミに消えているのである。

立花は角栄が動かしたウラ金の総量を数百億円から一千億円と推測する。

そこには日本の高度経済成長最盛期という時代が反映されている。日本が国際的大国になっていく過程において発生したアブク銭に角栄はまみれ、溺れたのだ。

∴

かつて私は、『総理の値打ち』という著書で、日本国の歴代宰相を百点満点で採点するという暴挙に挑んだ。

角栄は「五十七点」。

五十点台の基準は「国に益もなさなかったが、害もなさなかった」であるが、角栄だけは例外で、「国に益もなしたが、害もなした」が故の五十七点である。

徒手空拳で総理大臣にまで成り上がった「上り列車の英雄」は一方で、金銭と権力への強い執着から国を誤った。

しかしながら、才覚とエネルギーにおいて、まさに瞠目すべき力を秘めていた政治家であり、発想力においても感情面においても、よくも悪くも巨大だった。

公私ともに巨額の金を集め使った蕩尽の果てにある、角栄の理想とは何だったのか。果たして理想はあったのか——。死後三十年近く経っても、その答えは出ていない。

力道山

Rikidozan Mitsuhiro

1924-1963

力道山の生きざまは、鮮烈なものだった。

彼の生涯は、三十九歳と一ヵ月。

プロレスラーとしての活躍期間は約十年ばかりに過ぎなかった。

ごく短い年月に、十数億円ともいわれる財産を残し、ごく詰まらない喧嘩で殺されてしまった。

∴

力道山は大正十三年、朝鮮北部に生まれた。朝鮮名は金信洛。

生家は、精米所を営んでおり、長男である兄の金恒洛は、朝鮮角力の横綱格、力道山自身は関脇の実力を持っていたという。

当時、朝鮮では端午の節句に相撲大会が盛んに行われ、優勝者には牛二頭、準優勝には牛一頭が、賞品として贈られた。

後に、力道山を日本に連れてくることになった朝鮮警察官の小方寅一も、この相撲大会を貴賓席で観戦し、ぞっこん金兄弟に参ってしまった。

小方は、さっそく料亭に兄弟を呼び出して、心持ちを尋ねると、弟の信洛は、日本で相撲を取りたい、と言った。

だが、母は嫌がった。

「人前で裸になって見世物になる商売を、息子にはやらせたくない」

実際のところ母親は、植民地の人間は本国で必ず、軽蔑されたり、虐待されるものと思っていたのだ。

特に、信洛少年は、日本語があまり上手ではなく、濁音はまったく駄目だった。

小方は、信洛少年の熱意に絆《ほだ》され、部下の金景烈巡査部長や数人を引っ張りだしてきて母親を説得したが、逆効果になってしまった。

母親はいよいよ頑なになり、どうしても信洛を、日本にはやらないと言い、急いで花嫁をみつけて、結婚式の御膳だてに奔走し始めた。

花嫁は信洛の、心を寄せていた幼馴染みであった。

好きな女と一緒になるか、日本に行って横綱になるか……。

結局、信洛は結婚した。しかし、花嫁を朝鮮に置いたまま、日本に渡ったのである。

昭和十四年、信洛は、東京の二所ノ関部屋に入門した。

兄弟子たちは、朝鮮半島出身の信洛を、「オイ、金、金」と蔑んだが、信洛は、礼儀正しく素直に「はい、はい」と答えた。

翌年、力道山の醜名で初土俵を踏んだが、国技を司る力士が、朝鮮出身ではまずいだろう、ということで、スカウトにも関わった百《もも》田《た》巳《み》之吉《のきち》に頼んで、百田家の養子にしてもらい、百田光浩となった。

∴

昭和二十年三月十日。

アメリカ空軍の大空襲で、東京は灰燼に帰した。

下町は火の海だった。

関取らは、勤労奉仕で両国から離れていたので難を逃れたが、国技館も二所ノ関部屋も全焼した。

八月十四日。

日本はポツダム宣言を受諾し、無条件降伏した。

∴

力道山の戦後の生き方は、師匠も先輩も眼中に置かないものだった。

場所入りには、オートバイにまたがって現れた。

自動車も好きだった。

進駐軍の軍属のジェームス・ボハネギーという人物と懇意になった。ボハネギーはアメリカ製の電気製品や家具、自動車などを日本のメーカーに売り込むブローカー業を行っていた。ボハネギーと手を組んでから、力道山の人生は狂いだした。

昭和二十五年五月場所。

力道山は、関脇で勝ち越した。

大関の声がかかったが、番付編成会議の結果は、見送りであった。

力道山は、玉ノ海親方に向かっていった。

「わしは、相撲界をやめさせてもらいます」

「お前、もうすぐ大関じゃないか、もったいないことをするな、自重しろ……」

同年九月十一日、関脇・力道山は、自ら髷《まげ》を切り落とした。

贔屓筋は、無論のこと、親方にも相談せず、深夜一人で断髪式を行ったのである。

力道山は、酒を呷《あお》り、その勢いで一気に切り落とした。

廃業の理由は、朝鮮人差別による出世の困難、玉ノ海親方との軋轢などが挙げられているが、これについて本人は一生口を閉ざしていた。

相撲を廃業した力道山は、タニマチだった新田新作の建設会社で資材部の部長として働き始めたが、待遇の悪さに腹を立て、酒を飲み喧嘩に明け暮れる毎日を送っていた。

ちょうどその頃、アメリカのプロレスラーが駐留米軍を慰問するために来日した。昭和二十六年九月のことである。

銀座のナイトクラブ「銀馬車」で、力道山は来日したプロレスラーの一人である、ハロルド坂田と遭遇した。

些細なことから二人は喧嘩になり、力道山が得意の張り手を見舞ったが、相手に逆関節をとられ、ねじ伏せられてしまった。

力道山はプロレスの技の凄さに驚かされ、これをきっかけに翌月の十月に行われたプロレスラーとのエキシビション・マッチに出場したということになっている。

が、これはプロレス記者の作り話だという説もある。力道山神話の一つということだ。

試合の結果は全て時間切れの引き分けだったが、この試合で力道山はプロレスラーとしての才能とスターとしての素質を見込まれ、興行師・永田貞雄によって、プロレスの世界へと送り込まれたのである。

∴

翌年の二月、力道山はプロレス修業のため、渡米した。ハワイでトレーニングを始め、その後、サンフランシスコを中心に三百試合をこなし、わずか五敗という成績を残した。昭和二十八年に帰国した時、力道山は、全米最大規模のＮＷＡ（全米レスリング同盟）のプロモート権を獲得していた。

レスラーの才能とともに、経営者的素養も持ち合わせていたのである。

またこの時、キャデラック、ジャガー、クライスラーと、外国車を三台持ち帰った。

当時の日本人にとっては、到底手の届かない夢の高級車である。

その車に乗って、力道山は国民的スターへの道を突き進んだ。

∴

昭和二十九年二月十九日。

力道山のプロレスが街頭テレビで放送された。テレビの放送開始から、およそ一年後のことである。

正力松太郎は、街頭テレビを設置した。

かつて、大リーグ選抜チームを招聘し、日本のプロ野球の生みの親ともなった正力が、それに続いてプロレスブームを作ったと言われているが、実は正力はプロレスには違和感を持っており、テレビ中継もしぶしぶ認めたというのが実情だった。

日本テレビの中継は十九時半から二十一時まで。ＮＨＫは二十時から二十一時。

かつてはＮＨＫもプロレスを放映していたのだが、ＮＨＫの社史には、プロレスの放映については記述されていない。

実際に試合が行われた国技館の入りは六割程度だったが、街頭テレビの前は群衆が詰めかけ、身動きのできない状態だった。

力道山・木村政彦とシャープ兄弟のタッグマッチで、力道山の空手チョップが炸裂する場面では地鳴りのような歓声が上がったという。

それまで映画のニュースや、新聞記事などで一部の人に知られていただけだった力道山は、この日から大衆のスターとなった。

ところがそこには、力道山のしたたかな興行戦略があった。

「日本人は肩書きに弱いからな、世界チャンピオンと聞いただけで無批判にあこがれちゃうんだ。おまけに、相手は鬼畜米英を絵に描いたようなアメリカの大男だ。だから、あのとき、日本での第一戦によぶのは絶対にあの二人じゃなくちゃダメだったんだ。そのためにワシはファイトマネーもやつらがアメリカの本場で稼ぐ三倍も出したんだ。あとは賭けだ。根性だ。しかし毎日新聞が後援してくれることが決まって、テレビとの提携ができてからは、もう何も心配はしなかった。これで当たらなきゃおかしいと思ったからな。ワシはアメリカでテレビを見て、プロレスほどテレビにぴったりの番組はないと思ったんだ。あとは何ごとも努力だ」(『力道山をめぐる体験』小林正幸)

∴

昭和二十九年十一月一日、朝日新聞に、対シャープ戦でタッグを組んだ木村政彦のコメントが載った。

「シャープ戦で自分は損な役回りだったが、真剣勝負なら、力道山に負けない」と挑戦状を叩きつけたのだ。

十一月四日の毎日新聞に力道山が挑戦に応じると返答し、「昭和の巌流島の決闘」が行われることになった。

調印式は大船にある松竹撮影所の会議室で十一月二十七日に執り行われた。

力道山は自慢のキャデラックで乗り付け、しかも恰好は派手なポロシャツにチェックの上着。一方木村は、ネクタイを締めた地味な背広姿で、東京から湘南電車に乗ってやってきた。

かくして十二月二十二日の運命の蔵前国技館、一万三千人を超える超満員の観客を前に、世紀の一戦の幕は落とされた。

六十一分の三本勝負。

試合は、ゆっくりとした展開から始まったが、木村の蹴りが力道山の股間に入ったところから、急展開になった。

激怒した力道山が右ストレートを木村に見舞い、ロープ際に追いつめつつ、張り手を繰りだす。

木村は、タックルから脚をとりにいくが、ロープ・ブレイク。力道山は即座に、張り手を繰りだした。

木村がダウンしたところでフロント・ネックロック。決まらないと見ると、顔面への蹴りを見舞った。

木村が助けを求めるようにレフェリーに顔を向けたところに力道山の左右の張り手が襲い、木村はダウンした。

力道山はプロレス日本一を決める日本選手権を制覇したのである。

昭和三十一年、第三十四回芥川賞に石原慎太郎の「太陽の季節」が選ばれた。

同年に映画化され、弟の裕次郎も出演して「太陽族」が生まれた。彼らはジャズ、ダンス、ヨットなど豊かな若者文化を享受していた。

日本に新しい時代が到来するとともに、プロレス人気は早くも衰えの兆しを見せ始めていた。

力道山は街頭テレビのプロレス中継によってスターになったが、そのテレビの普及が喫茶店や家庭へと広がり、家庭で見るには、プロレスはふさわしくない番組だと、みなされるようになったのだ。

そんな折、日本プロレス・コミッショナー主催による「ウェイト別統一日本選手権」が始まった。

この頃の日本のプロレス界は力道山の圧倒的人気によって、大阪の全日本プロレス協会、熊本の国際プロレス団といった団体の活動が停滞してしまい、それがプロレス人気の衰えにもつながっていた。

力道山は、こうした団体と一緒になって「統一日本選手権」を行うことで、プロレス界を活性化させ、同時に日本のマット界をまさに「統一」しようとしたのだ。

十月十五日は東京・日本橋浪花町《なにわ》のプロレスセンター、二十三、二十四日は東京国際スタジアムで、ライトヘビー級、ジュニアヘビー級、ヘビー級の三階級の試合が開催された。

このヘビー級の優勝者が力道山への挑戦権を獲得することになっていたが、優勝者の東富士との対戦は実現しなかった。東富士側にその気力がなかったのだ。

力道山は日本のプロレス界を統一することには成功したが、プロレス人気を呼び戻すまでにはいかず、翌年一月に行われた、外国人選手を招いてのシリーズの客入りはこれまでのシリーズで最低となってしまった。

∴

それをひっくり返したのが、力道山とルー・テーズの「ＮＷＡ世界選手権試合」である。テーズは幼少の頃から父親にレスリングを学び、一九三四年、十七歳でプロデビューを果たした。一九四八年にＮＷＡ世界ヘビー級の王者に就いてから、五五年まで九百三十六連勝の「史上最強のレスラー」である。

もっとも来日した時のテーズは四十一歳。人気、実力ともに維持をしてはいるものの、その存在は力道山と日本のメディアによって、「堕落したプロレス界の中の正統派」として神格化されていた向きもある。

昭和三十二年十月二日、テーズは夫人とともに来日した。

宿泊場所は帝国ホテル。プロレスラーとしては破格の処遇である。

翌日の三日には東京会館でレセプションが行われた。これは大野伴睦の日本プロレスリングコミッショナー就任披露を兼ねていた。

余談だが、この大野伴睦という人物、政友会の院外団に所属していた時、金に困り、当時総裁だった原敬から年末に三度小遣いをもらったという逸話が残されている。にくめないキャラクターが、私は好きだ。

力道山とテーズの初戦は、十月六日、後楽園スタジアム特設リングで行われることが予定されていた。

リングサイドの席料は三千六百円、映画館の入場料が百五十円の時代である。テーズのギャラは一試合一万五千ドル、五百四十万円であった。

雨のため順延となり、試合は翌日の七日に後楽園で、さらに十三日、大阪扇町プールに場所を変えて行われた。

両試合とも、六十一分の三本勝負。力道山の空手チョップとテーズのバックドロップという必殺技がいつ炸裂するかという、スリリングな展開となったが、いずれも引き分けに終わった。

この試合をビデオで見た岡村正史はその印象を次のように書いている。

「何が面白かったかというと、この試合のためにわざわざ箱根で一週間のトレーニングキャンプを張った力道山の動きがよいため、流れるような展開が生み出されている点だ。私はリアルタイムでは六一年以降の力道山しか記憶していないが、いつももたもたしている印象がつきまとっていた。しかし、テーズと対戦した力道山の動きは素晴らしい」（『力道山』岡村正史）

観客も同じように、力道山の動きに目を見張ったに違いない。世界のテーズにひけをとらない力道山の評価は大いに高まり、プロレス人気を喚起することに成功したのである。

∴

力道山には、レスラーとは別のもう一つの顔がある。

実業家である。

昭和三十六年七月三十日、東京・渋谷道玄坂に「リキ・スポーツ・パレス」が完成した。

地上九階地下一階のビルで、一階はボウリング場、スナックバー、二階はスチームバス、レストラン、喫茶店、ボクシングとレスリングのジム、三階から五階が円型の体育館でプロレス常設会場、六、七階は女子ボディビルジムといったスポーツ多目的ビルである。

四階には社長室があり、当然そこにいるのは、力道山である。

今でこそこうしたビルはめずらしくないが、東京オリンピックが行われる三年も前の話である。力道山の発想がどれほど日本人ばなれしていたかが窺える。

同年の八月には赤坂に「リキ・アパートメント」が完成。力道山は八階に居を移した。百坪のパーティ用の大広間、横幅二メートルの熱帯魚の水槽、ホームバー、専用エレベーター、庭にはプールもあった。

日本住宅公団が設立され、鉄筋コンクリート造りの2DKの部屋に住むことが幸せとされていた時代の話である。


昭和三十八年六月五日、力道山は田中敬子と結婚した。

敬子は、日本航空のスチュワーデスで、父、勝五郎は神奈川県警の警視であり、茅ヶ崎警察署長だった。

力道山三十八歳、敬子二十一歳であった。

力道山はかつて小沢ふみ子という女性を妻にしていたが、彼女が正式の妻であったかどうかは、さだかではない。

また、敬子と結婚当時、力道山には三人の子供があったが、三人ともふみ子の子供ではなく、力士時代に京都で知り合った女性との間にできた子供だった。

それまで力道山は自分が朝鮮半島出身であることを周囲に隠し続けていた。世間には、「長崎県の貧しい農家で生まれ育った力道山」で通っていたのである。

自分の本当の出自を敬子に打ち明けると、うすうす知っていたらしい敬子は「あなたの口から聞けてよかった」と言い、力道山は涙を流したという。

ホテルオークラにおける披露宴は、それは豪華なものであった。

媒酌人は日本プロレスコミッショナーにして自民党副総裁であった大野伴睦夫妻と、京都府選出参議院議員の井上清一夫妻。

政財界、芸能界、スポーツ界から三千人もの客が集まった。

総費用一億円といわれている。

新婚旅行は、一ヵ月かけてヨーロッパからアメリカを回った。

旅先で服や靴で気に入ったものがあると、力道山は一ダースくらいをまとめて買ったという。

リキ・アパートメントでの暮らしは、かなりアメリカナイズされたものであった。

庶民には手の届かない、GE製の皿洗い機、乾燥機、温蔵機などが揃っていたのである。

敬子は毎週生活費として五万円を渡されていた。

当時、大学新入社員の初任給は一万四千六百円であった。

∴

同年の九月九日。

ホテルニュージャパンにおいて、力道山は、オリンピック資金財団に一千万円を寄付した。出席者は、大野伴睦、川島正次郎前オリンピック担当大臣、石坂泰三資金財団会長らであった。

力道山は、六〇年の、ローマ五輪を視察しており、オリンピックというのは、国家的行事であり、国と国とのスポーツの戦いだという認識を得ていた。

ローマで、国を挙げて自国の選手を応援しているところを目の当たりにし、できる限り支援をしようという思いを強くしたのだ。

しかし、東京オリンピックにおける日本人選手の活躍も、それを応援する日本人の姿も、力道山は見ることはなかった。

力道山最後の試合は、昭和三十八年十二月七日に行われた浜松市体育館での六人タッグマッチだった。

力道山、グレート東郷、吉村道明組が、ザ・デストロイヤー、キラー・バディ・オースチン、イリオ・デ・パオロ組と闘った。

試合結果は、一対一の引き分けだった。

本来メインイベントであったこの試合が直前にセミファイナルに繰り上がったのは、力道山が帰京を急いだためである。

翌日、相撲協会理事の高砂親方が、リキ・アパートを訪ねることになっていた。ロサンゼルス巡業を計画している相撲協会は、力道山に協力を求めてきたのである。

力道山は、快諾した。

かつて自分を廃業に追い込んだ相撲協会が頭を下げてきたのだ。これほど痛快なことはない。上機嫌の力道山はその夜、料亭「千代新」で食事をし、その後TBSラジオにゲスト出演、ナイトクラブ「コパカバーナ」に予約をしていたがキャンセルして、赤坂の「ニューラテンクォーター」に向かった。

八日深夜、力道山はその店内で住吉連合会小林会組員と喧嘩になり、刃渡り十三センチのナイフで刺されてしまった。

『力道山』（岡村正史）によれば刺された直後の力道山の様子について、「内臓の一部が飛び出ていた」、「脇腹から血がポタポタとしたたり落ちた」など、様々な報道がされたが、唯一の目撃者とされているニューラテンクォーターの支配人であった山本信太郎は、「力道山と犯人の間には言い合いはなかったし、力道山の腹部に血は流れておらず、下に着ていたTシャツに小さな穴があいていてほんのわずかに血痕がついている程度だった」と言っていたという。

実際力道山は、ステージに上がり、「皆さん、気をつけてください、この店には殺し屋がいます」と言えるくらい元気だったのだ。

その後、山王病院で応急処置を受け、翌日の早朝、三時間に及ぶ手術が施された。

手術後の経過は順調で、二週間で回復するはずだった。

ところが、一週間後に容態が急変。再手術となった。

十二月十五日午後九時五十分、力道山は永眠した。

∴

力道山の死因は、手術後の炭酸飲料の飲み過ぎ、医療ミスなど様々に指摘されているが、いまだに藪の中である。

十二月二十日、東京の池上本門寺で力道山の葬儀が行われた。

葬儀委員長は大野伴睦だったが、日韓交渉でソウルに赴いていたため、児玉誉士夫が代理を務めた。

式には政財界、興行界、スポーツ界の大物たちがずらりと顔を揃えた。彼らが当たり前のように席を同じくしているところに、力道山がいかなるスーパースターであったかが現れている。

アンディ・ウォーホル

Andy Warhol
1928-1987

「ポップ・アート」という言葉を知ったのは、十四歳の時だったと思う。

東京の大丸百貨店でウォーホルの回顧展が開かれたのだった。

丁度、前後して、池袋の西武百貨店では、フリードリヒ・シュレイダー・ゾンネンシュターンの展覧会が開かれていた。

ポップ・アートとアウトサイダー・アートの巨匠の展覧会が、東京の二つの百貨店で催されていたというのは、なかなか凄いことではないか、と思う。

現在のように、先鋭的な現代美術が各所で展示されている、というような時代ではなく、美術といえば泰西名画という時代に、よくもこんな展示をしたなぁ、と今さらながらに感心してしまう。

∴

アンディ・ウォーホルは、一九二八年八月六日、ピッツバーグに生まれた。ウォーホルの伝記作家であるフレッド・ローレンス・ガイルズは、ウォーホルがいつの間にか自分の生地をピッツバーグから「動かし」てマッキーズポートにしてしまったと、記している（『伝記　ウォーホル』フレッド・ローレンス・ガイルズ、野中邦子訳）。

マッキーズポートは、製鉄所と肉体労働者の町で、映画『ディア・ハンター』の舞台に似ているという。ウォーホルは、こうした操作に長けており、「動かし」たり「ずらしたり」することを、生涯を通して大いに楽しんだ。

カーネギー工科大学で美術の学士号を取得後、ニューヨークに赴き、イラスト、ファッション広告、レコードジャケットなどを手がけるようになった。

まだ、高名になる前の一九五〇年代のインタビューで、ウォーホルは後に自分のアシスタントとなる写真家、ジェラード・マランガに応えている。

「Q　名前と住所を教えてください。

A　アンディ・ウォーホール。ニューヨークのレキシントン・アベニューに住んでいます。東47丁目の『ファクトリー』で過ごす時間の方が多いですが。

Q　一番最近の仕事は？

A　靴メーカーのI。ミラー・シュー・サロン。
Q　職業は？
A　工場主。
Q　秘密の仕事をもっていますか？
A　商業芸術家です。
Q　もう一度伺いますが、秘密の仕事を持っていますか？
A　ちょっと思いつかないです。」（「Kulchur」冬号　１９６４）

アンディ・ウォーホルは、十年あまり商業画家としてのキャリアを積んだ後に、「ポップ・アート」の旗手として登場した。

事情が込みいっているのは、ウォーホルが、商業芸術家からアーティストへと転換する、その閾《しきい》がよく分からないことだろう。

一九六〇年以降のウォーホルの作品は、コカ・コーラの瓶やマリリン・モンローのポートレート、キャンベルの缶詰、ディズニーの一コマなどを拡大し、可能な限り表現や個性といった要素を排除して、シルクスクリーンに定着する、という手法をとっている。

アメリカの、あるいは資本主義諸国のあらゆる街角にかかげられている物を、「作品」にしてしまったのだ。

どこにでもある物を、芸術作品にしてしまうということ。

最も一般的な、ポップな事物に、芸術としてのオーラを纏《まと》わせる、という発想は、大量に生産され使い捨てられるコマーシャルのデザインに、裏返しにされた崇高を纏わせることになる。

アンディ・ウォーホルは、大量生産された事物を作品化したとともに、作品自体を大量につくり――色違いのマリリン、巨大なマリリン、三十六のマリリン、とバリエーションはいくらでもあり、顧客のウェイティングリストは長大だった――、莫大な収入を得るとともに、ニューヨークを代表するアーチストとしての立場を築き上げたのである。

∴

一九六五年の大晦日、アンディ・ウォーホルは、新年を迎えるために、アングラ映画の監督、ポール・モリッシーとともにハーレムのアポロシアターに赴いた。

そこにルー・リード、ジョン・ケイル、スターリング・モリソン、ニコという、ベルベット・アンダーグラウンドのメンバーたちが、合流したのだった。

ルー・リードは、当時、周囲のポップ・ミュージックの陳腐さ、いかがわしさにウンザリし、もっとリアルな音楽がやりたいと思っていた。

そして、この邂逅から、アンディ・ウォーホルとルー・リードの協力関係ができあがり、伝説的なロック・ショー、『エクスプローディング・プラスティック・イネヴィタブル』ツアーが始まった。

ウォーホルが扱う照明装置と、革の下着に鞭をもったダンサー、そしてベルベット・アンダーグラウンドが、『毛皮のビーナス』や『オール・トゥモローズ・パーティ』といった退廃的な楽曲を大音響で奏でるのだった。

ショーのクライマックスは、ルー・リードの歌う『ヘロイン』。

ダンサーのジェラードは、楽曲が始まると同時に踊るのを止め、舞台に座り込み、蠟燭を点《とも》し、ベルトを緩め、ポケットからスプーンを取り出して火で温め、皮下注射器をスプーンに近づけ、腕を曲げたり伸ばしたりした後、注射器を腕に差し込んだ。そして、立ち上がると、ステージで何度も回転し、曲が終わった途端、倒れこんでしまった。

「ステージで、注射なんて打って大丈夫なの？」

心配したスタッフが声をかけると、

「注射なんて打つわけないじゃない。ただのエンピツよ、これは」

一九六八年六月三日。

マンハッタンの空は珍しく、スモッグもなく晴れ渡っていた。

アンディ・ウォーホルは、東五十丁目から、新しいファクトリー（アトリエ）――ユニオン・スクエア・ウェスト三十三番地――に帰ってきた。

ウォーホルのマネージャーであるフレッド・ヒューズに雇われているジェド・ジョンソンは、ウェスタン・ユニオンの電報配達人だったが、ハンサムで気が利くところから、ウォーホルやその取り巻きが注目するところとなり、以来ジェドは、ファクトリーの雑事をこなすスタッフの一人に加えられた。

その午後もジェドは、ウォーホルから頼まれたこまごました買物をした後、ファクトリーで、午後四時ぐらいに合流した。

壁に凭《もた》れている、レインコートを羽織った女性に、二人は特段の注意を払わなかった。

ウォーホルとジェドが貨物用の大型エレベーターに乗り込むと、追いかけるようにして、レインコートの女が乗り込んでくる。

誰だったっけな——見覚えのある女性だったが、ウォーホルは思いだせなかった。

突然、銃声が響いた。

至近距離から、ウォーホルが撃たれたのだ。撃ったのは、ヴァレリー・ソラナス。

かつてウォーホルが製作したパロディ映画の出演者だった。

ヴァレリーは、さらに二度引き金を引いた。

「ノー、ノー」と喚きながら、ウォーホルは床に転がった。

ファクトリーに居合わせた美術ジャーナリストのマリオ・アマヤは、サヴィルローで仕立てたスーツの尻を撃たれた。

そうしてヴァレリーは、ウォーホルのマネージャーである、フレッド・ヒューズを見つける。デスクの下に隠れていたヒューズは、「撃たないでくれ、ヴァレリー」と懇願したという。

不意にエレベーターの扉が開く、誰も乗ってはいない。

「エレベーターだ、ヴァレリー」

ヒューズは、もう一度、喚いた。

ヴァレリーは、彼の額に銃口をあてる。

「エレベーターで帰ってくれ、ヴァレリー、頼むよ」

数秒の間、ヴァレリーは何事かを考えているような表情をした後、エレベーターに乗り込んだ。

ウォーホルは、血の海のなかに倒れていた。

ヒューズは、ウォーホルにマウス・トゥ・マウスの人工呼吸を始めた……。

∴

池田満寿夫は、ウォーホルの狙撃事件をかく語っている。

「ウォーホルの暗殺未遂事件の特殊性は、一人の画家の事件として、夕刊の一面トップでセンセーショナルに報道された点にある。それはすでにウォーホール、及びポップ・アートがいかにアメリカにおいて異例なほど風俗化していたかを示すものだった。（中略）『もしも彼が回復したら、我々はこの事件をポップ・アートの傑作なジョークと見なしてもよいだろうね。そうしたら、銀行に行く時のアンディは、笑いが止まらないのではないか』」（『People America 人物アメリカ史⑧　激動の現代』）

ウォーホルは重体に陥ったが、一命をとりとめ、その後の心境をこう語っている。
「撃たれて以来、私にはすべてが夢のようにみえる。それ以外のことは何も知らない。私が本当に生き残ったのか、死んだのか、はっきりわからないのと同じように。以前、私は恐怖を感じなかった。そして一度死んでからは、恐怖を感じるはずはない。だが、私はこわい。なぜだかわからないが、こわい」（同前）
ヴァレリー・ソラナスは「男を切り刻む会」に所属していたという。逮捕され、裁判にかけられたが、統合失調症を患っていたとされ、精神病院に三年間入院して退院した。

∴

狙撃事件は、結果的に、アンディ・ウォーホルを、二十世紀を代表する画家として知らしめることになった。

セザンヌからピカソに至る、ヨーロッパ絵画の系譜から一線を画した、すぐれてアメリカ的な美学をウォーホルは展開した。それ以降、美学の物差し、指標は後もどりができなくなってしまったのである。

「インタビューは、何を言ってほしいのか教えてくれればいい。その通りに答えるから」

「誰でも十五分ずつなら世界的有名人になれるだろう」

「ぼくは退屈なものが好きだ」

一連のウォーホル語録は、それまでのアーティストたちが語ってきた言葉とは、完全に対極的なものだ。

美しいもの、荘厳なものを一瞥もせず、どこにでも転がっている、大量生産品こそを、時代のイコンとして、掲げた芸術家。

ここでは、芸術のイメージが転倒されている。たとえば、マルティン・ハイデガーが、ゴッホが描いた、農夫の履き古した靴のデッサンを分析し、解釈するような文脈は、ウォーホルが登場して以来、重苦しく、退屈なものとしか見なせなくなってしまった。

ウォーホルが、キャンベル・スープの缶やマリリン・モンローの顔をプリントする時、そこには畏怖すべき荘厳などは存在しない。

奥行きもない、薄っぺらな、極度にパターン化された、大量生産品であるからこその、裏返しにされた崇高さ。

ティーンエージャーだった私は、昂奮した。

アートという領域の抱えている、ポテンシャルの大きさに。

これは革命だ、と思った。実際、現在からみても、ウォーホルの営為が「革命」であることは、否定できないだろう。

薄っぺらい、大量生産であるからこその「美」をウォーホルは、「発明」したのである。

これ以降、あらゆる絵画表現は、良きにつけ、悪しきにつけ、ウォーホルを意識せずには、創りだせなくなってしまったのである。

それは、キュビズムよりも、抽象芸術よりも、強力で、息の長い、アートとなった。

一九八四年前後、アンディ・ウォーホルは、『アートの世界のゼネラル・モーターズ』をつくろうとしていた、とウォーホルの愛人だったウルトラ・ヴァイオレットは語っている。ヴァイオレットは、サルヴァドール・ダリによってニューヨークに連れて来られ、ミロス・フォアマンやルドルフ・ヌレエフとも関係を持っていた（『さよなら、アンディ　ウォーホルの60年代』入江直之・金子由美訳）。

ニューヨーク東三十三丁目二十二番地のワン・ブロックを占める五階建てのビルを本部とし、ウォーホルは『社長』として采配をふるった。建物は、画家ジュリアン・シュナーベルの友人で、ウォーホルとも緊密な関係をもっていた、フレッド・ヒューズが装飾し、いかにも洗練されていた。

アンディ・ウォーホル・エンタープライズは、アートを販売するだけでなく、商品宣伝部門もあって、ポンティアック、アブソルート・ウオッカ、電気製品、ワイン、雑誌など、雑多なジャンルの、気前のいい、クライアントを抱えていた。

エンタープライズは、『インタビュー』という豪華雑誌を発行しており、毎月十万部を売り上げていたし、その広告収入は莫大なもので、毎年二百万ドルの収益を上げていた。

ポートレートの商売も実入りがいいもので、ポラロイド写真を引き伸ばしてシルクスクリーンにプリントしたものが一枚二万五千ドル、そのまたコピーは一万五千ドルで売りさばいて、年に三百万ドル以上かせいだ。

さらにウォーホルが初期にとった映画の上映による収入もあったし、テレビに出る時には、一回一万ドルのギャランティを要求した。

ウォーホルの所有している不動産は、膨大なものだった。

ロングアイランドの東端、モントークにある二十エーカーの土地。

コロラド州カーボンデール近くの四十エーカー。グリニッジ・ヴィレッジのグレート・ジョーンズ通り五十七番地のビル、レキシントン・アヴェニューのタウンハウス。東六十六丁目五十七番地のタウンハウス……。

そして、美術品、家具、骨董、宝石、金製品、装飾品を買い集めていた。

一九八六年十二月二十九日、ファクトリーのメンバーだったウルトラ・ヴァイオレットは、ウォーホルと再会した。

彼は競売場から出てきたばかりで、ボディガードや取り巻きに囲まれながら、戦利品を車のトランクに詰めているところだった。

「たくさん買ったのね」

ヴァイオレットが声をかけると、ウォーホルは、「うん、とても安いんだ。五割引なんだよ、クリスマスの贈り物さ」と言った。

彼の顔には、張りがあった。

いったい何回整形手術をしたのだろう。

どれだけのシリコンを打てば、こんな肌艶が出るのだろうか。

初めて整形手術をしたのは、狙撃事件の後だった、という話を、ヴァイオレットは思いだした。

「具合はどう?」

ウォーホルは、答えずにポケットから多角形の水晶結晶板を一握りとりだし、一つ獲るように勧めてくれた。

白っぽいピンクがかった石を、ヴァイオレットは選んだ。

「ぼくは体じゅうに水晶をつけている」

その頃は、再び水晶が治療剤として流行していた。

「ねえ、ウォーホル舌を見せてよ」

ヴァイオレットの頼みを、ウォーホルは聞き入れてくれなかった。

意地悪な気分になったヴァイオレットは言った。

「あなたが、リベラーチェとキスをしていなければいいけれど」

リベラーチェは、派手なコスチュームで人気を博したピアニストで、大衆相手のエンターティナーながら、パデレフスキーに賞賛されたというテクニックの持ち主だった。

ウォーホルとはきわめて親しく、同性愛のパートナーだった。

この頃、リベラーチェはエイズを発症し死の床についていたのである。

ウォーホルの凍りついた顔を見て、ヴァイオレットは悪いことを言った、と後悔した。

∴

一九八七年二月二十二日、アンディ・ウォーホルは胆嚢手術のために入院していたニューヨーク病院で、死んだ。

四月一日に、ニューヨークのセント・パトリック聖堂で追悼式が行われた。

自分が心から、ウォーホルの冥福を祈るなんて……ヴァイオレットは、不思議に思った。

オリヴィエ・メシアンの『イエスの不滅を讃えん』がかなでられる。

美術批評家のジョン・リチャードソンが登壇し、ウォーホルを讃えるスピーチをした。凡庸なスピーチだった。

次いで黒一色に身を包み、セミダークのサングラスをかけたオノ・ヨーコが登壇した。

「あまりに多い人たちに、ウォーホルはとても個性的なやり方で触れてきました……」

ヨーコの言葉に、ヴァイオレットは共感した。そう、私の人生も、ウォーホルに触れられたところから始まったのだと、思った。

藤山寛美

Fujiyama Kanbi

1929-1990

『あほやなあ　喜劇役者の悲しい自伝』は藤山寛美本人が選びとらざるを得なかった人生観の凄まじさを、彷彿とさせる書物になっている。

「数年まえ、『親バカ子バカ』という芝居が、テレビでも舞台でも、バカ当たりして、私の人気が出ました。そのとき、ある人にいわれました。／『いまの藤山寛美の人気は本物ではない。あの若さで、それは危険だ。思わぬオトシ穴がある。思いもかけない深い奈落があるよ』／そんな危険信号を忘れた私は、フルスピードで、酒と女の深みにはまっていきました。あげくのはてに、一億四千万円という借金をこしらえ、ついに『破産宣告』、『松竹新喜劇追放』という制裁を受けたのです」

寛美が、この自伝を出したのは昭和四十二年十二月であるから、一億四千万円の借金というのは今日の物価に換算すると、どれほどの額になるのだろうか。おそらく桁を一つか二つ足さなければならないのではないのだろうか。

∴

藤山寛美、本名稲垣完治《かんじ》は、昭和四年六月十五日に生まれた。

父である藤山秋美《しゅうび》は、新派の二枚目役者だったという。

藤山家は典型的な貧乏所帯だった。

五人姉弟の末子として生まれた息子を完治と命名したのは、これで子供は打ち止めにするとのニュアンスが込められていたらしい。

そして昭和八年一月、父・秋美は四十六歳で死去した。

まだ幼い完治は、父の死を理解することができず、その時のことを病棟から出られることが嬉しくて仕方なかった、と想起している。

その年の十月、完治に転機が訪れる。

千日前の大阪歌舞伎座で、花柳《はなやぎ》章太郎の新生新派の公演が行われたのである。

母は、幼い完治の手を引いて、花柳の楽屋を訪れた。

花柳は、五人子供がいるのなら、一人は役者にしてもいいのではないかと提案した。

話は、トントン拍子に進み、芸名も花柳がつけてくれた。

「とりあえず花柳先生が芸名だけでもつけておこうと言って、考えてくださったのが、『藤山寛美』という名前でした。父秋美より役者としても人間としても大きくなれ、寛大になれということで『寛美』となったわけ。おかげで借金まで人様よりも大きくなりましたが……」（同前）

花柳の推薦と、新派の役者の跡継ぎという立場で、子役にとっては破格の五十円という給金をとった。

後に、青年部の俳優たちの給金が十五円程度だと知り、恐かったと述懐している。

演出家は、亡父を引き合いにだして、演技の未熟を批判した。

今日で言うところのステージママたる母親は、稽古が終わった後、寛美に住吉公園で深夜に至るまでセリフの練習をさせた。

昂奮した母が、「あんまり下手やと、草葉の陰でお父さんが泣きはるで」と言いつのるのに対して、「お母はん。どの辺の草むらで泣きはるの」と訊いたとか。

昭和十六年七月は寛美にとって大きな転換点となった。

劇作家で舞台にもたつ渋谷天外に、その才能を認められたのだ。

子供をもたない天外と浪花千栄子は、寛美を、自らの子供のように可愛がった。

苦労人の天外は、寛美に対して、警句をまじえながら、その哲学を教示した。

「お前の体を突くと血が出るように、相手の体も突けば血が出る。出来心やつまらない交際で人を傷つけるなよ」／「お前のために世の中があるのではなくて、世の中にお前があるのだ」

／「役者はどっちへ転んでも孤独だ。しかし、一人でも見てくれる観客がある以上、絶対的に孤独ではない」（同前）

∴

昭和二十年三月二十七日、寛美は慰問団の一員として満州に赴いた。

奉天で玉音放送に接した後、中国人たちが日の丸の旗を引きずり倒し、踏みつける光景をまのあたりにした。

ソ連の囚人部隊が新京に現れ、略奪や暴行を恣《ほしいまま》にした。

手の甲に入れ墨をした彼らは、時計をほしがり、中には片手に十個の腕時計をしている者もいた。

一方、在留邦人は、惨めの極みにあり、母親が足手まといになるからと、子供を自らの手で殺すというような事件が頻発した。

結局、寛美は、二年半、満州で過ごした。

昭和二十二年九月末、ハルピン駅から無蓋貨車に乗り込み、途中、飛行機の格納庫などで休みながら錦州に辿りついた。

食糧事情は、ソ連軍の支配下と同様に酷いものだったが、国府軍の将校のなかにはアメリカ式の訓練を受けてきた者もいて、日本人に対しても、紳士的に対応していた。

コロ島の桟橋に船が到着したという吉報がもたらされ、一同は、万歳を叫んだという。

帰国は、アメリカの貨物船、Ｖ17号だった。

船籍はアメリカだが、乗組員はすべて日本人だった。

「日本に帰れる……」

という実感に、寛美は、涙を流した。

船が満州からゆっくりと離れて行くのを見ていると、不思議なことに、大陸に対するノスタルジーを覚えたという。

どんな辛いことでも、いつかは美しいおもいでになるのだと、寛美は思った。


昭和二十三年十二月二日。

松竹新喜劇は、初日を迎えた。

いまだに戦火の余燼が残っている時期で、大半の観客が、手弁当を抱えて、犇《ひし》めくように客席を埋めていた。

乏しい弁当が多いなかで、銀シャリの御握りを重箱に詰めているお客がいた。

わしも、豪勢な弁当を食うてやるで……。

たちまち寛美は人気役者となり、豪勢な弁当の夢は、すぐに実現したが、一方で悪い虫が疼いてきた。

放蕩生活の面白さを覚えてしまい、ブレーキがきかなくなった。

お茶屋や旅館から金を借りての放埒に嵌まってしまい、身動きがとれない。知らないうちに、手形が他人の手に渡り、土地の顔役から決済を迫られることもあった。

舞台の袖には借金取りが何人も陣取って、

「暑うおまんなぁ」

「景気はどないや」

「そりゃもう、あきまへん」

と、やくたいもない会話を続けている。

まるで、新喜劇の舞台そのままやないか……。

当時、大阪府警は、「迷惑根絶運動」というキャンペーンをしていたが、藤山寛美は一人で迷惑運動を遂行している始末。

それなのに、中村鴈治郎が、お茶屋の帰りがけに草履が探せずに、下足番が困惑していたので、紙幣に火を点けた、というエピソードを聞いて感心して、真似てみたり。

現金がなくなると、小切手を切り、銀行預金がない時には、先付けで切り、知人に割ってもらった。手数料は一割である。五万円の小切手がいつの間にか二十万円になり、百万円になってしまった。

舞台にしばられているので、金策をするのも容易なことではない。銀行から、預金が尽きたという電話が入っても、奔走することができない。

その上、今まで金策を頼んでいた人の会社が倒産してしまい、資金繰りの道がつかず、昭和二十九年には、四千五百万円という借金を作ってしまった。

現在の貨幣価値から類推すれば、数十億円にも匹敵する額だ。

仕方なく寛美は、松竹で新喜劇を担当していた重役に、内情を訴えた。

「若いのに、借金つくりおって、なんぼや」

「四本半でおま」

「四万五千円か」

「いえ」

「四十五万か」

意を決して、寛美は、借金は、四千五百万円だと打ち明けた。

重役は、頭を振りながら言った。

「天外はんに、相談せんとあかん」

結局、松竹は五十万円しか貸してくれなかった。

借金の催促は、いよいよ厳しくなっていった。

寛美が逃げることを心配して、御丁寧に上手と下手で張っている借金取りもいた。

可笑しいのは、借金取りよりも、寛美の方が元気になったことである。

「舞台に馬力をかければ、いずれは、借金も返せるやろう」

殊勝にも暮らしぶりを地味にした。

屋台や場末の小料理屋を足場にすると、賑やかだった取巻きたちが遠ざかっていった。

屋台で安酒を啜《すす》っているうちに、市井の人々と、腹を割って話すことの面白さ、愉しさを覚えた。

こういう暮らしをしとったら、わしも、もっと豊かだったかもしれへんなぁ……。

それでも、借金はついてくる。

役者だから、逃げも隠れもできないのに、何とか組のお兄さんがやってくる。

ついに借金取りは、天外親父のところにもやってきた。

「寛美はあんたの弟子やないか。弟子の借金やから、あんたが肩代わりしたらどないや」

天外は、わしも借金してるんですわ、と債鬼を返した後、寛美を呼びだした。

「莫大な借金を払ってやるほどの器量はわてにはない。けどおまえも給料まで持っていかれては、身がもたんやろう。順調になるまで、生活費は、わてが出してやるわ」

∴

昭和三十三年、寛美と妻・峰子の間に、女の子が生まれた。後に女優となって藤山直美の芸名で活躍する直子である。

出産の喜びは、長くは続かなかった。

寛美の講演会を手伝っていた工房のスタッフに五百万円の小切手を持ち逃げされたのだ。追い打ちをかけるように、暴力団に数千万円の手形を盗られてしまった。

そして昭和三十八年、大阪裁判所から、破産通告がつきつけられた。

道頓堀に、「藤山寛美は騙りだ」という大看板がかけられ、舞台にでると、「破産屋！」、「いつ返せるのや」という声がかかる有様だった。

さらに、最も大きな災厄が訪れた。

昭和四十年九月十三日、午後六時十五分。

渋谷天外が倒れた、という知らせが届いた。

脳出血だという。

「んなことあるかいな、つい先日、服部良一先生や一龍斎貞丈《いちりゅうさいていじょう》先生と、てんごしてはったやないか」

自伝『笑うとくなはれ』の出版記念会で「この男に酒を呑ませたらあかんで」と書いたプラカードを首からかけて、機嫌よくブランデーを呑んでいた天外の姿を、寛美は想起した。

療養をすれば、恢復するだろう、というのが医者の見立てであった。重い後遺症もないとのことだった。

しかし、舞台は続けなければならない。

そのため、松竹新喜劇は、ミヤコ蝶々と南都《なんと》雄二が一座に加わることになった。

家具屋を営んでいた蝶々の父は、芸事好きが高じて、自ら一座を構え、蝶々を座長に据えて、安来節を歌わせた。その後、バレエから水芸、漫才など、ありとあらゆる芸を披露してきた。

一時覚醒剤中毒になり、強制入院をさせられたが、克服して以降、南都雄二とコンビを組んで、漫才や喜劇で活躍した。

二人の加入は喜ばしいことだったが、蝶々と寛美の関係はかなり微妙なものだったようだ。

「蝶々さんも私も舞台に出ると、たしかにお客は笑う。／二人の一挙手一投足に、観客が興味をもっていると思いこむ。笑いを期待しているはずだと。／これはある種のジレンマではないのか。／いつも満塁ホーマーを打たなければいけないバッターと同じ心理で、いつのまにか重い不安が自分の背後にやってくる。／これが孤独というものであろうか」(同前)

∴

一方、借金問題は、いよいよ泥沼化していた。

『朝日新聞』に、「寛美を食いもの。金融暴力団六人、債権二百五十万円山分け」という記事が出てしまったのである。

NHKは、藤山寛美を一切遣わないことにし、松竹からは解雇された。

「新派の悲劇みたいに、舞台から警察にしょっぴかれたら、松竹と中座の信用が落ちる。新喜劇の金看板にも傷がつくんや」

学校に通っている子供たちは、さぞ、辛かっただろう。

∴

娘の直子が、松竹現代劇、第一回中座公演の水上勉作の『おきん』に出演することになった。役は、中村玉緒演じるおきんの幼年時代。

以前、直子は、坂本九のミュージカルで、梅田コマの舞台に立ったことがあった。

今回は本格の芝居である。

「ひと目でも見てやりたいんやけど」

けれど新喜劇を除籍されてしまった身としては、中座に入ることはできなかった。

舞台人としての道は、閉ざされたけれども、太秦の東映から、声がかかった。

プロデューサーの俊藤浩滋《しゅんどうこうじ》が、手を差しのべてくれたのである。

俊藤浩滋は、『総長賭博』をはじめとする東映ヤクザ映画の元締めであり、また藤純子の父でもあった。

俊藤は、寛美の希望で東映に来てもらうことになったこと、けれども負債などについては、関与しないことを条件に、寛美を受け入れた。

やっと居場所を見つけたものの、京都の撮影所にまで、借金取りが待ちぶせするようになった。

嫌になって、撮影所を抜け出し、公園でボンヤリしていた。

いつの間にか、寛美は、床で夢を見なくなってしまった。

「役者は夢を売るのが商売やけど、夢をみられへん役者は、役者やないやないか」

太秦で、仲の良かった役者から、新喜劇のうわさを聞いた。

「客の入りがわるくて、天外先生も社長をやめなあかんかもしれへん……」

夕刊紙などでは、寛美の復帰説が報じられるようになってきた。

ひさし振りに、家に帰ると母が言った。

「松竹から、鬘《かつら》作りたいって電話がきましたで」

「そんなしょうもない話。松竹やのうて東映やろ」

「いや、たしかに松竹、言うてましたで」

しばらくして、寛美の新喜劇復帰が決まった。

昭和四十一年十月十三日付の報知新聞は次のように報じている。

「寛美復帰を早めた最も大きな理由は、営業上の問題だ。ことし四月、寛美を除籍した後の松竹新喜劇は、約五百万円前後の収入減という結果を招いた。入場人員に換算すると、約一万人の動員減となる。寛美が復帰すれば、この一万人が観客として戻ってくると松竹首脳部が計算したわけだ」

中座に復帰した寛美の舞台は、連日大入りの盛況で、久しぶりに補助席がでるという騒ぎだったという。

とはいえ、借金は依然、残っていた。

税金でガッポリもっていかれた上に、昔からの借金も、利子付でのこっていたのである。

借金まみれの人生の閉幕は平成二年五月二十一日。
肝硬変で入院した大阪市立大学医学部附属病院で亡くなった。六十歳だった。
落語家の立川談志は「通天閣が無くなったようだ」と、その死を悼んだ。

オードリー・ヘプバーン

Audrey Hepburn

1929-1993

ローマは何度か訪れたことがあるが、中心街にあるスペイン広場はいつも観光客で溢れかえっていた。

映画『ローマの休日』では、表敬訪問中のアン王女が一人こっそり街に出て、ここでジェラートを食べるシーンが有名だ。

女優・オードリー・ヘプバーンは、この映画によって世界にその名を知らしめることになった。

当時、彼女は二十三歳。バレリーナを目指したが、身長の高さがネックになって断念し、女優に転身して三年しかたっていなかった。

監督のウィリアム・ワイラーは、それまでベテラン女優しか使わなかった。また製作者のほうでも、アン王女役はエリザベス・テーラーを望んでいた。

その決定をくつがえしたのが、カメラ・テストだった。

王女がベッドに身を投げ出すシーンを指示されたオードリーは、「カット」と言われた後もカメラが回っていることに気づき、自然な演技を続けた。

ベッドの上で、王女のごとくなまめかしく伸びをし、両手で膝を抱いてほほえみながら、出来はどうだったと、スタッフに尋ねたのだ。

後にワイラーは語っている。

「……彼女はわたしが求めていたものをすべてそなえていた――かわいらしさ、無邪気さ、そして才能。そのうえユーモラスでもあった。彼女は文句なしに魅惑的だった。『まさに適役だ！』というのがわれわれの感想だった」（『オードリー・ヘップバーン物語（上）』バリー・パリス、永井淳訳）

しかし、フィルムに映されたオードリーの無邪気さは演技によるものだった。彼女は確信犯的に主役の座を勝ち取ったのだ。これには彼女の生い立ちが深く関わっている。

∴

オードリーは一九二九年五月四日、ベルギーのブリュッセルに生まれた。

母のエラはオランダに古くから続く貴族の出。父のジョゼフはイングランド人とアイルランド人の血を引く銀行家。二人とも再婚で、オードリーには父親違いの兄が二人いた。

金銭問題で、父と母は諍《いさか》いが絶えず、そのとばっちりを受けるのは、二人のただ一人の娘であるオードリーだった。

子供の頃からオードリーは聞き分けのいい子だったが、自分がいい子になれば両親の諍いもおさまるだろうと考えてのことだった。

けれど彼女が六歳の時に、父親は家族を置いて、一人でロンドンに行ってしまった。

父親不在の寂しさを補ってくれたのが、バレエだった。

母親が連れていってくれたバレエ公演を見て、オードリーはたちまち夢中になり、自分でも習い始めた。

両親が再び一緒に暮らすようになることを願っていたオードリーだったが、一九三八年、二人は正式に離婚した。

戦争が始まった。オードリーは母親、兄とともにオランダのアルンヘムに住んでいた。一九四〇年、ヒトラーはオランダ攻撃のために大量の軍勢を送り込んできた。

さらに、ドイツの軍事基地や刑務所の調理や掃除をさせるために、アルンヘムの女たちを駆りあつめ始めた。

オードリーもあやうく連行されそうになったが、兵士のすきをついて逃れた。

戦争は連合国軍が優勢となり、一九四五年五月五日にオランダはナチス・ドイツから解放された。

戦後間もなく、オードリーはバレリーナになって生活を立てるため、母親と二人でロンドンに移住することを決意する。

生きていくには、自分の技能と才覚で金を稼がなくてはならないと思ったのだ。

船でロンドンに着いた時、二人の所持金はたった十ドルだった。

∴

『ローマの休日』はオードリーに大きな名声をもたらした。

一九五四年のアカデミー主演女優賞を受賞したのだ。

これは天から降ってきた幸運ではない。自らの手で勝ち取った栄誉だった。

共演したグレゴリー・ペックがオードリーについてこう語っている。

「彼女は勇敢な人だった。経験もないのに、プリンセス・アンのような大役を演じるなんて、ものすごく勇気がいることだった。しかし彼女は迷わず突進した。不安もあったと思うが、それに負けてひるんだりすることはなかった。思いきって飛びこんだんだよ！」（『オードリー・ヘプバーン』ダイアナ・メイチック、藤井留美訳）

三月二十五日のアカデミー賞授賞式の日、オードリーはロールス・ロイスに乗って、会場に到着した。

この日のために用意されたのは、ジバンシーがデザインした白いレースのイブニングドレスだった。

夜は、プラザホテルのペルシャン・ルームで、恋人で俳優のメル・ファーラーと祝杯を上げた。

戦時中、チューリップの球根と雨水で飢えを凌《しの》いだ少女が想像だにしなかった世界が目の前に開けていた。


一九五四年九月二十五日、オードリーとメル・ファーラーはスイスのルツェルン湖畔にあるブルゲンシュトック教会で結婚式を挙げた。

オードリー二十五歳。ピエール・バルマンの白いオーガンジーのドレスに、頭に白バラの冠をつけ、清純な花嫁姿を披露した。

一方メルは三十七歳。三度の離婚経験があり、四児の父親でもあった。

メルと出会う前、オードリーはジェームズ・ハンソンというイギリス人実業家と婚約していた。けれど、『ローマの休日』の成功でオードリーが世界的なスターになったことから二人の生活にはすれ違いが生じ、婚約解消となった。

その後『麗しのサブリナ』の撮影中に、共演したウィリアム・ホールデンと恋仲になったが、彼に妻子がいたことが障害となり、撮影の終了とともに別れることになった。

メルと出会ったのは、その直後の一九五三年七月。グレゴリー・ペックが自分の開いたパーティで二人を引き合わせたのだ。

おそらくその時、オードリーは仕事と私生活の両方で自分を支えてくれる男性を必要としていたのだろう。十二歳年上で、キャリアのある俳優であり、演出家でもあるメルは恰好の結婚相手だったのだ。

スイスとイタリアの郊外でハネムーンを過ごし、十月には妊娠が明らかになった。

常々、「わたしには子供を産むこと以上に大切なことなんてありません」と公言していたオードリーは仕事よりも家庭を優先させる生活を望んでいた。

しかし翌年三月に子供を流産してから、彼女の運命は、本人の思いとは反する方向へと展開していく。

∴

アカデミー賞女優という栄光以上にオードリーを有名にしたのが、その体形とファッションだった。

オードリーのスリー・サイズは二十三歳から、三二―二〇―三五インチで変わらなかった。当時もてはやされていたマリリン・モンローの体形からはほど遠い、がりがりで骨ばった、少年のような体つきだった。

その体形を洗練されたチャーミングなものにしたのが、ジバンシーの服だった。

一九五三年に『麗しのサブリナ』の服を担当して以来、ジバンシーは生涯にわたって、オードリーの服をデザインし続けた。

ジバンシーの幾何学的で単純なラインと、黒、オフ・ホワイト、抑えたパステルカラーといった色合いは彼女の体形に完全にマッチしていた。

それまでの女性美の概念を覆したオードリーの「妖精スタイル」はたちまち大流行し、世界中の女性が真似をするようになった。

オードリーは自分の起こしたブームについて、こう語っている。

「びっくりするばかりですよ。街でわたしに出会うと驚きます。『あらあら、わたしはずっと、わたしに似てなくちゃならないのね……』って、ひとりごとをいうんです」（『オードリー・ヘップバーン　妖精の秘密』ベルトラン・メイエ＝スタブレ、藤野邦夫訳）

『麗しのサブリナ』『ティファニーで朝食を』『マイ・フェア・レディ』と、主演した作品はファッションへの注目もあって次々に大成功を収め、『ローマの休日』から十年でオードリーは世界の大スターとなった。

いっぽうプライベートでは、一九六〇年にメルとの間に待望の息子ショーンが生まれた。けれど、オードリーの名声と富はメルの自尊心を傷つけ、夫婦間の溝を深くしていった。

その溝を埋めようとしたのだろう。二人は六五年、スイスのモルジュ村に新しい住居を購入した。一八世紀に建てられた美しい田舎家で、アルプスの眺望も素晴らしかった。

オードリーはここで家族が仲睦まじく暮らすことを夢みたのだろうが、その夢がかなうことはなかった。

∴

一九六六年、六七年とオードリーが続けて流産したこともあり、結婚生活を維持できなくなった二人は六七年秋に別居した後、六八年十一月、正式に離婚した。

離婚の半年前、フランス人の友人からエーゲ海クルーズに招待されたオードリーは、そこで九歳年下のローマ大学の助教授にして精神科医のアンドレア・ドッティと出会った。

ユーモア溢れるイタリア男、アンドレアはオードリーの気持ちを明るくさせた。

急接近した二人は六九年一月十八日、スイスのモルジュ村の教会で結婚した。ジバンシーのピンクのアンサンブルに同色のスカーフという装いの三十九歳の花嫁は、その若々しさで周囲を驚嘆させた。

新居はローマのポポロ広場に面した豪勢なアパートメントだった。

アンドレアと息子のショーンの仲はよく、三人は普通の家族のように、街での買い物や食事を楽しんだ。

「わたしはまじりもののない、本物の楽園にいたの。毎日家のことを取りしきって暮らしたいと、前からずっと願っていたのよ」(『オードリー・ヘプバーン』)

オードリーと二番目の夫、アンドレア・ドッティとの子供は、結婚した翌年の一九七〇年二月八日、スイスのローザンヌで生まれた。男の子で、ルカと名づけられた。

アンドレアは息子の誕生に大喜びしたけれど、この時オードリーの中には早くも夫に対する不信感が生じていた。

妊娠中、安静が必要だったため、オードリーはスイスのトロシュナにある自分の家で過ごしていたのだが、ローマに残ったアンドレアは派手な夜遊びを繰り返した。

ナイトクラブで、女性たちと抱き合ったり、熱烈にキスをするアンドレアの写真が度々新聞に掲載された。夫の不貞に傷つきながらも、オードリーはこう公言していた。

「アンドレアとわたしはお互いを拘束しないという、取り決めのようなものを結んでいました。夫が年下の場合、これは避けられません」(『オードリー・ヘップバーンという生き方』山口路子)

∴

一九七五年、四十六歳のオードリーは八年ぶりに映画の撮影に入った。

リチャード・レスター監督の『ロビンとマリアン』。相手役のロビン・フッドをショーン・コネリーが演じて話題になった。

七八年にはテレンス・ヤング監督の『華麗なる相続人』に出演。セックスシーンや暴力シーンの多い仰々しい映画で、翌年公開されると、悪評にさらされた。

八〇年に出演したピーター・ボグダノヴィッチ監督の『ニューヨークの恋人たち』はヴェネ

ツィア映画祭での評判は上々だったものの興行成績は振るわなかった。

オードリーがこの歳になって映画へのカムバックを決めたのは、「夢よもう一度」の気持ちからではなかった。

女遊びの絶えない夫との結婚生活に見切りをつけ、離婚の準備に入っていたのだ。離婚にも、その後の子供との生活にも金がかかる。

『華麗なる相続人』の評判は最低だったが、出演料は百万ドルで、興行収入が歩合でもらえることになっていた。

八〇年九月、オードリーはアンドレアとの離婚を申し立てた。

∴

この頃、ロサンゼルスに住む友人が開いた晩餐会で、オードリーはロバート・ウォルダースと出会った。

テレビの人気西部劇シリーズ『ララミー』のスターの一人で、亡くなったばかりの有名女優マール・オベロンの四番目の夫だった。

オードリーは自分より七つ年下の気品あるハンサムな俳優に親しみを覚えた。彼はそれまで彼女をひきつけた男たちと違い、性格が穏やかで、深い思いやりを持った人物だった。

ウォルダースもオードリーに好意を持ったが、彼女が男性を愛する気持ちを取り戻すのには時間を要した。

ウォルダースは忍耐強いアプローチで少しずつオードリーの心を開いていった。

一九八二年にアンドレアとの離婚が成立したが、その前の年から、オードリーはウォルダースとトロシュナの家で暮らし始めていた。

二人は庭を散歩したり、本を読んだりして静かに過ごした。オードリーにようやく訪れた平穏の時だった。

しかし、二人はあえて結婚という形を選ばなかった。理由を問うマスコミにウォルダースは答えた。

「彼女とメルの結婚が不幸だったことは、そしてアンドレアとの結婚がさらに不幸だったことはだれでも知っている。その質問はたった今電気椅子から逃げだしてきたばかりの人間に、もう一度そこへ戻れというに等しい」（『オードリー・ヘップバーン物語（下）』バリー・パリス、永井淳訳）

∴

ウォルダースの協力のもと、オードリーはユニセフ親善大使の仕事を始めた。

彼女の名声はユニセフ募金運動の大きな推進力になった。彼女がイベントやテレビ番組でアピールする度に多額の寄付が集まった。

四年にわたる親善大使の仕事で、八回の視察旅行に行った。

中でもソマリアの悲惨さにオードリーは打ちのめされた。彼女の必死の訴えかけによって世界中のメディアがこの国に注目するようになり、ブッシュ大統領は異例の措置としてアメリカ軍をソマリアに派遣した。

『ローマの休日』で世界を魅了した女優は今や、大統領や国をも動かす存在となったのだ。

ソマリアから帰国した二ヵ月後の一九九二年十一月、オードリーは結腸癌と診断された。手術をしたもののすでに転移が始まっていた。

翌年の一月二十日、スイスのトロシュナの家で、ウォルダースと二人の息子に見守られ、六十三歳でオードリーは逝った。

オードリーはそれまで築き上げてきたものの全てをユニセフの活動に放出した。

クローゼットを埋め尽くしていたドレスは最後には十着になっていた。他はみなチャリティーで売ってしまったのだ。

彼女が死んだ日、世界中のティファニーの店はウィンドウに彼女の写真を飾り、その死を悼んだという。

勝新太郎

Katsu Shintaro

1931-1997

勝新太郎の自伝『俺　勝新太郎』は、精彩に富んだ、実に面白い本だ。豪放なイメージがある一方、かなり面倒くさい、複雑に込み入った、自意識の迷路を手繰りだそうと、あの手この手を費やしながら自らの正体を確定しようとしている。

まさしく「俺」をめぐる厄介な行きたてである。

「生い立ちを書くのはやさしいが自分がどんな人間か書くということが、こんなにむずかしくなるとは思わなかった。／自分の姿を一生見られないのと同じだ。しょせん、見たところで映画で見た勝新太郎か、鏡の中の勝新太郎でしかない。／他人が見た〝勝新太郎〟という勝は、一生、俺は絶対に見られない。／勝新太郎は反省していない、と新聞、雑誌に書いてある。／風呂から上がって、勝新太郎を見ようと思い、鏡を見た。誰が見ても、反省している顔には見えないだろう。／反省した顔を鏡の中で演じてみた。実にいやらしい人相の顔が映っている。／この顔をして裁判所へ行けばいいのか。いやだ、こんな顔するほど、悪いことはしていない。不安とファンは違う」

勝新太郎は、昭和六年十一月二十九日、長唄三味線の杵屋《きねや》勝東治と、その妻八重子の次男として、千葉の母方の実家で生まれた。

母の実家は『常磐楼』という、当時かなり流行っていた料亭だった。『常磐楼』を仕切っていたのが母方の祖母で、生まれて以来、本人の回想によればずっと祖母に抱かれていたという。客が退いた後、祖母は勝を抱きながら算盤を弾いた。それで算盤の音嫌いになったというのだが……。

人生の始まりから金勘定とは相性が悪かった、というのは出来すぎのきらいはある。だいたい幼児の記憶は、事後に捏造された物だ、というのが一般的な見方だ。とはいえ何千何百という音曲のレパートリーを持ち、芝居の所作からセリフ廻し、映画の台本を含めて、ほとんど丸ごと記憶しているという勝ならば、幼時からの記憶が保存されていたのかもしれない。

千葉から深川に戻り、父には芸者から素人まで、沢山の弟子ができた。

稽古場が盛況なのはいいけれど、かろうじて這い歩きができるようになると、筋の悪い弟子たちの勘所の悪さが気になって仕方がなかったというから、音感は先天的か、後天的かは分からないけれど、ごく幼い頃から、きっちりとあったのだろう。

「天才」という形容をしても、過言ではないと思う。芸事の習わしに従って六歳の六月六日、杵屋勝貴賀に入門し、長唄と三味線を習い始めた。

子供時代、勝は歌舞伎に熱中していたという。贔屓は、六代目尾上菊五郎。昭和を代表する名優に、真っ先に惹かれた眼識は、なまなかなものではあるまい。

平仄《ひようそく》が合っているのは、六代目が大変な浪費家だったことだ。

他の役者が蓄財に励み、いくつも屋敷を建てて生活の基盤を確保しているのを尻目に、六代目は湯水のように金を遣って平然としていた。自分程度の芸人になれば、おのずと金は入ってくる、貯金などというさもしいことをしなくても、充分、豪奢な生活ができるのだ……。

幼時の勝新太郎が、直接に六代目の影響を受けたとはいえないが、最終的には、二人の価値観と行動は、重なっていくのである。

∴

昭和二十九年一月から十月まで、吾妻歌舞伎という一座で、父、杵屋勝東治、兄、若山富三郎と共に勝新太郎は、アメリカ巡業を行った。
「その期間、俺と兄貴と親父と三人で、朝昼晩、顔を合わせて生活をした。それが、親子三人で過ごした、初めてで終わりになった」(同前)
勝は20世紀フォックスの撮影所を見学した時、ジェームズ・ディーンと邂逅している。ジーンズを穿き、アイロンも当てていないシャツを着て、スリッパをつっかけて、ポケッと撮影を見ている男がいた。

後になって、その男がジェームズ・ディーンだと知った。帰国した勝は、映画俳優の道を歩むことにした。

父親の長唄の弟子である警視総監、田中栄一に「勝新太郎」という名前をつけてもらった。その後の勝の人生行路を考えると、名前を警視総監にもらったことは、絶妙の辻占いともいえないことはない。

デビュー作は『花の白虎隊』。監督は田坂勝彦、脚本は八尋不二が担当した。

同期入社の市川雷蔵、花柳武始が共演で、歌舞伎役者の雷蔵、新派の花柳、長唄の勝が揃って新世代のスターを世に出そう、という名目だったが、実際には市川雷蔵をスターとして売り出す企画であった。雷蔵には専用の自動車があり、弁当も特別誂《あつら》えだった。一方、勝はスタッフと一緒にバスで移動し、スタッフと同じ弁当を食べた。

待遇の差は悔しかったが、演技が身についている雷蔵と、芝居らしい芝居をしたことがない自分との扱いが異なるのは当然のことだと勝は思った。

『花の白虎隊』のロケが終わった後、東映の東千代之介と中村錦之助が撮影所にやってきた。女性ファンたちが、錦之助にむけて黄色い声を上げている。

錦之助は、朋輩といってもいい間柄だった。

子供時代、錦之助が『松の緑』を踊る時、勝が三味線を弾いたことがある。東とも藤間の宗家で稽古をした間柄。

「おい、そこの仕出し、早く鬘をみな拾わんかい」

助監督が、怒鳴った。

「おのれ、まだそこにおるんかい、しゃあない、載せたるから、はよ、跳ばんかい」

「すんません」

謝りながら、勝は、トラックの端に腰をおろした。砂塵を巻き上げ、トラックは撮影所から遠ざかっていく。

なんとか、しないと、な。えらく、差がついたもんだ……。


勝新太郎の転機は、昭和三十五年に訪れる。それまで、相応の成績を残しながら、なかなか芽の出なかった勝は、宇野信夫の戯曲『不知火検校《しらぬいけんぎょう》』と出会い、初めて、その本領を発揮した。

『不知火検校』は、宇野が十七代中村勘三郎のために執筆した歌舞伎芝居である。

貧しい盲目の少年、杉の市は、師匠の不知火検校の使いに出た時、鈴ヶ森で癪《しゃく》に苦しむ男と出会い、助けると称して鍼《はり》で殺してしまう。

殺された男は、二百両という大金を所持していたが、杉の市は殺しの現場を目撃した、生首の倉吉というヤクザに、百両を与える。杉の市の気っ風の良さに感じいった倉吉は、以後、杉の市と組んで悪事を働くようになり、杉の市は、師匠を殺害したうえ、盲人としては最高位である検校にまで上りつめる……。

「眼あきのくせに、悪いこと一つできず、せいぜい祭りを楽しむくらいが関の山で、じじいになり、ばばあになってしまうのだ」という台詞に象徴されるような、悪の魅力が横溢する作品になっている。

六代目菊五郎のために多くの戯曲を書いた宇野は、『人情噺小判一両』、『江戸の夢』、『人の世の川』など世話物を得意とし、悪人が大活躍する作品は、特異だ。

昭和三十五年五月、大阪の新歌舞伎座で『不知火検校』が再演された時、宇野はパンフレットに、こう記している。「見るから愛敬のある人が、びっくりするような悪い人間であることがある。そういう人は、平気の平左で悪い事をして、知らん顔をしている、びっくりするような悪事を働いて、ニコニコしたり、どこを風が吹くか、というような顔をしている――そんな人間を、前々から書いてみたいと思っていた」(『宇野信夫戯曲選集2』)

『不知火検校』は、森一生監督、犬塚稔の脚本で映画化された。

クランクインの前、勝は盲学校に通い、盲人たちの動き方、喋り方、独特の間と表情を、丹念に観察して、自分の物にしたという。

そして撮影が始まると、毎日、床屋に行って頭を剃ってもらった。

夫に内緒で借金を重ねる旗本の妻浪江を、後に妻となる中村玉緒が演じているが、盲人が手探りで体をまさぐる演技は、真に迫っている。

∴

『不知火検校』は、『座頭市』シリーズの先駆けとなる作品となった。

『座頭市』が、子母澤寛《しもざわかん》の、ごく短い文章から生まれたことは、よく知られている。大映企画部の久保寺生郎は、『おとこ鷹』の映画化権を子母澤から獲得した際、その他の作品の権利も、十把一からげに購入したという。

購入した作品の『ふところ手帖』『続ふところ手帖』には、十の短編が掲載されていたが、その内の一編に、二十枚程の盲目のヤクザの話があった。下総《しもうさ》飯岡の石渡助五郎の賭場で、用心棒を務めていた座頭の市というヤクザがいて、居合抜きの名手だった。その腕前が知れわたっていて、市が居ると、どんな揉めごともきれいに収まったという。

久保寺は、市に興味を持ち、映画化できるかもしれない、と期待を膨らませたが、子母澤は下総の田舎町の宿屋の亭主から聞いた話で、とても映画にはできない、とにべもなかった。

結果として、その情報量の乏しさが『座頭市』シリーズを大成功に導くことになった。はっきりした来歴や、人物としての有様が、不分明だったからこそ、いくらでも物語を作り出し、全国各地に出没させ、様々な剣客や侠客と絡ませることができたのである。

昭和三十七年四月十八日、シリーズ第一作『座頭市物語』が封切られた。

勝は、宇野信夫を訪ねて、六代目が、如何にして盲人を演じたか、詳しく教示を受けたという。

『座頭市物語』は、浪曲『天保水滸伝』をベースに、勝新太郎ふんする市と、天知茂の平手造《ひらてみ》酒《き》の交情を描いている。

監督は三隅研次、脚本は『不知火検校』と同じ犬塚稔である。

『週刊ポスト』の記者から、ノンフィクションライターとなった田崎健太によれば、三隅は、冷たい印象を周囲に撒き散らすような人物だったという。

大戦終了後、三年半にわたってシベリアに抑留され、同胞が同胞を陥れるラーゲリでの過酷な生活を余儀なくされる毎日に、人間不信が昂じたという。その不信の念が、『座頭市物語』に、ある種の虚無感を漂わせていたのかもしれない。

三隅は、復員後、田中徳三、池広一夫と共に「大映三羽烏」の一人に算えられ、大映京都撮影所でプログラムピクチャーを撮り続けた。『座頭市』シリーズは、六本撮っている。『座頭市』シリーズで、勝は自らの、スターとしての地位を不動の物とした。

∴

昭和四十四年七月十七日、市川雷蔵が死去した。三十七歳、直腸癌だった。

大映時代、雷蔵にかなりの差を付けられていた勝新太郎は、『座頭市』シリーズで押しも押されもせぬスターとなり、ギャランティでは雷蔵と並び、追い抜き、ついには長谷川一夫を追い抜いて、一本五百万を取る役者になった。

台本を読み込み、すべての俳優の台詞も入れて、撮影に臨む雷蔵の、完全主義を追求するスタイルに対して、勝は奔放だった。

台詞が入っていないどころか、撮影所に来ない時も珍しくない。

監督をさしおいて、相手役に演技の指南を始める始末。

それでも、大きな故障が起こらなかったのは、勝の人徳——といっても、世間一般のそれとは、かなり違う——があったからこそなのだろうが。


『座頭市』シリーズ全二十六作、『悪名』シリーズ全十六作、『兵隊やくざ』シリーズ全九作、といった一連のヒット作の他、七十本ほどの映画と、多数のテレビドラマ、舞台を務めた勝新太郎は、昭和を代表する俳優であり、演出家であり、プロデューサーであった。

その人気は国際的なものであり、香港、台湾でも座頭市は多くの観客を集めた。クエンティン・タランティーノが、ティーンネージャーの頃からのファンだったことは有名だ。タランティーノの作品『キル・ビル』のチャンバラシーンは、勝制作の『子連れ狼 三途の川の乳母車』へのオマージュである。

とはいえ、その人生はけして平坦なものではなく、自ら破綻を買って出るような、波乱を常態とするような道を歩んでいる。

∴

昭和五十四年、勝新太郎は、黒沢明監督の『影武者』の主役に抜擢された。

東宝砧《きぬた》撮影所での、黒沢、勝の関係は、きわめて良好だったという。勝がスタジオ入りする前に撮ったラッシュを黒沢は披露し、勝もその出来映えに感心していたという。

それが一体全体、どうして勝が降板することになったのか。

一般的に伝わっているストーリーは、以下のようなものだ。

勝が、自分の演技を記録するため、ビデオカメラを現場に持ち込んだ。それを見た黒沢が、「僕のことを信用できないんですか」と責めると、勝新太郎は、スタジオを出て行ってしまった……。

勝をよく知る作家、市山隆一は、この衝突の原因をプロデューサーの不在、あるいは機能不全によるもの、という見解を示している。

『影武者』は東宝の大プロデューサー、藤本真澄の企画で、勝に、この作品だけはやってもらいたい、といって口説いたという。

勝は、藤本の熱意に報いるつもりだったが、藤本が急逝したため、黒沢と勝のパイプ役がいなくなってしまった……ビデオカメラの持ち込みといった些末なことではなく、両雄を並びたたせるだけのプロデューサーが、東宝にはいなかった（『私論・勝新太郎』）。

たかが、ビデオカメラの持ち込みくらいで勝と黒沢が拗《こじ》れるだろうか、という市山の疑問は、勝に親炙《しんしゃ》した人であればこそ、の真相を穿っているように見える。

さらに昭和五十六年、勝プロダクションが倒産した。

負債総額は十二億円であった。

勝の、映像に対する完全主義が、負債を大きくしたという。

債権者会議では、多くの債権者が勝に同情的で、負債を何十年間月々いくら、と少額ずつの返済を提起するといった具合だったという。もちろん、一部には厳しい債権者もいたのだろうが。

∴

昭和六十三年、勝は久方ぶりに自らの監督、脚本、主演で『座頭市』を製作した。

長男である雄大は、この作品がデビュー作だったが、殺陣《たて》の撮影中、切られ役兼殺陣師の加藤幸雄を真剣で斬り、死亡させてしまった。

勝が殺陣の迫力を出すため、真剣を雄大に渡したのではないか、という疑惑が浮上している。

結局、一件は書類送検で決着したが、これ以降、勝は映画を撮ることはなかった。

∴

平成二年一月十七日、勝新太郎はホノルル空港で逮捕された。大麻とコカインの入った袋を、下着に隠していたのである。

千ドルの罰金刑で釈放されたが、タイミングは最悪だった。

年初から、勝をメインキャストとするドラマ形式での『キリンラガービール』のＣＭが放映されていたのである。

松坂慶子、手塚理美、富田靖子、国広富之が起用され、つかこうへいが演出にあたるという、贅沢な企画だったが、コマーシャルは第一話で打ち切りになってしまった。

国外退去処分を受けた勝は、不服申し立てを行い、ハワイに滞在し続けた。

ハワイへは、新聞各社やテレビのレポーターらが大挙して乗り込み、大変な騒ぎとなった。

「俺はまとまりのないことをしゃべっていた。／『総理大臣の代わりはあっても、勝新太郎の代わりはない』／と言ったことが、マスコミ関係にうけたらしい」（『俺　勝新太郎』）

一年四ヵ月にわたってハワイに滞在し、翌年五月になって帰国した勝は、麻薬・大麻取締法違反で逮捕された。入手元について一切明かさず、「知らないうちにパンツの中に入っていた」「見知らぬ人がくれた」等としらを切り通し、懲役二年六ヵ月、執行猶予四年の有罪判決を受けた。

∴

平成八年八月、勝新太郎は、下咽頭癌を発症し、柏の国立がんセンターに入院した。

最後の舞台は、大阪新歌舞伎座で『夫婦善哉』を妻、玉緒と務めた。

入院中も、たびたび外出し、酒を呑んだという。煙草も吸っていたが、実際には、吹かすだけだった。

葬儀は、築地本願寺で行われ、一万一千人の知己とファンが参集した。
享年六十五歳。
現在は、東京の港区三田にある蓮乗寺に兄の若山富三郎とともに眠っている。

福富太郎

Fukutomi Taro

1931-2018

福富太郎さんと親しくさせていただくようになったきっかけは、永井荷風と和倉温泉の加賀屋との縁からだった、と思う。

誰に誘われたのだったか、池袋の『キャバレー・ハリウッド』で、毎年荷風の忌日である四月三十日『つゆのあとさき忌』が催されるので、ということでお伺いしたのだった。

三田の文学部にとって、永井荷風は格別な存在で——なにしろ、文学部の初代教授なのだから——当然、仏文科の教授から学生までが、荷風を崇拝しているのである。

福富さんは、荷風はキャバレーの恩人だ、と仰った。荷風はキャバレーの原型であるカフェに頻繁に通い、『つゆのあとさき』でその風俗を活写したからである。

そうして加賀屋の話になった。

毎年、荷風の忌日に、見事なノドグロが加賀屋からハリウッドに送られてくる、というのだ。それはもしかしたら、関根歌さんの絡みではありませんか、と福富さんに伺った。

関根歌は、女出入りの激しい荷風の生涯において、最も荷風が愛し、また荷風に尽くした女性であった。

改造社が発行した円本で莫大な印税を得た荷風は、待合の経営者になり、歌さんを女将にして店を差配した。

荷風は、それぞれの座敷に、覗き穴を設け、客と女の痴態を凝視し、堪能させてくれた客には、勘定を安くしたという。

歌さんは、よく仕えたけれど、荷風の奇癖が昂進すると、少し精神の平衡を欠くようになった。

知り合いの医者に診てもらったところ、ノイローゼの徴候があるという。

面倒事を厭《いと》うた荷風は、歌さんに手切れ金を渡して、別れた。

けれども、結局この診断は誤診であり、歌さんは東京周辺の待合などで働いた後、つてを辿って和倉の加賀屋に赴いたのである。

加賀屋の小田禎彦《さだひこ》会長にインタビューを申し込んだことがある。

赤坂プリンスの客室で、小田さんはアルバムを見せて下さった。

歌さんが入浴している写真があり、楽しそうに笑っている顔を見て、私は歌さんが安定した生活を送っていたことを認めて安心した。

加賀屋で、歌さんは女中頭となり、東京の先端的なサービスを伝授したという。

「その点で、関根歌さんは、加賀屋にとって恩人なのです」

だから、毎年、つゆのあとさき忌に、加賀屋からハリウッドにノドグロが届くのだ。

「大体、現在はキャバレー自体もまともに理解されておらず、キャバレーとは何ぞやということを知っている人は、ジャーナリストにもほとんどいない。週刊誌を開いても、『ピンクキャバレー』とか『おさわりバー』とか『桃色サロン』などと書いてあるけれども、本人がわかっていて書いているわけではない。それこそミソもクソも一緒にしているのである」（『昭和キャバレー秘史』）

と、福富さんは言う。

キャバレーは風俗営業取締法により、お客とホステスが踊れるスペースを設けなければならない。

十組の男女がダンスをぶつかりあわず踊るためには最低でも二十坪は必要になる。

しかもバンドも入るので、バンドのステージも用意し、またさまざまなショー——ストリップから手品、歌まで——を行う。

テープやCDで音楽を流している店は、サロンの営業しかできないことになっている。

これらの条件を満たして、初めてキャバレーの営業が認可されるのである。

であるから、実際のところキャバレーは、世間が考えているほど、多くないのだ。

福富さんは、昭和二十二年から、キャバレーにたずさわってきた。

何万人というホステスを雇い、東京の盛り場の盛衰をつぶさに見てきた。

売り上げ日本一、納税額日本一を十年間、維持したという。

∴

福富さんが「デビュー」した昭和二十二年は、特別な年だった。

というのも、二十二年は東京の盛り場でのクリスマスパーティがようやく定着したからである。

当時、評判を呼んだホール・キャバレーは、銀座のニューメトロ、ニュータイガー、銀座会館、ショウボート、京橋のアラビアンナイト、新橋のグランド南海、ロザンヌ、渋谷のナイト上海、神田のウルワシ、サロン港、浅草のガーネット、新世界、上野のシナル、新宿の帝都、パリーなどだった。

福富さんは、十六歳から銀座のメリーゴールドでボーイとして働いていた。

そして昭和二十四年九月に開店した新宿處女林で、毛利喜八に師事することになった。

二十四年五月、飲食営業臨時規整法が成立し、制限販売が許可された。

当時、ほとんどのキャバレーやバーは、酒の入手はヤミに頼るしかなかった。

制限がかけられているとはいえ、正規ルートで入手できることは、よろこばしいことだった。

酒に限らずバナナなどの果物、ガソリン、灯油なども、事実上、ヤミで取引されていて——

なにしろ、人気作家だった獅子文六が『バナナ』という、バナナ輸入解禁にまつわる長編小説を書いてベストセラーになったという時代であるから——、正規品は、貴重な存在だったのである。

規整法の成立を受けて、東京社交事業協会が発足し、銀座メトロの榎本明三が会長に就任した。事業協会の発足により、キャバレー業界は表舞台に躍り出たのである。

キャバレーの経営をしていれば、ホステスをめぐるトラブルは避けられない。

福富さんによれば、かつてはトラブルや事故が起こると、不思議と店が繁盛した、満席になった、という。

かつて宮益坂のナイトクラブで、守衛が惨殺されるという惨《むご》たらしい事件が起こった。守衛は首を絞められ、売り上げが全部盗まれた。こんな事件が起きると客足が遠のくだろうと思いきや、案に相違して三日間満員だった。

『ハリウッド』でも、ホステスが硫酸をかけられたり、別れた亭主をホステスが包丁で刺したりする事件があった。そういった事件が起きると、どの席で刺されたのか、どんな風に殺されたのか、とお客が集まったというのである。

とはいえ、とんでもないトラブルもあった。

昭和五十三年の六月初め、池袋ハリウッドでホステスとして働いていた、「ちとせ」と名乗る女性が姿を消した。

ホステスが消えるというのは、日常茶飯のことだったので、誰も心配はしなかった。

それから十三年後の話……。

平成三年五月十五日、警察庁の吉野準警備局長は記者会見をして、次のように語った。

「大韓航空機爆破事件の犯人・金賢姫《キムヒヨンヒ》の日本人化教育係、李恩恵《リウネ》については、一九八八年(昭和六十三年)二月以来、国民の協力も得て、身元特定のための調査を行なってきたが、このたび李恩恵の特徴に酷似する女性が浮上し、とりあえず裏付けを行なった結果、この女性が李恩恵である可能性がきわめて高いと判断するに至った。その人定は――国籍、日本。氏名、T・Y子(匿名希望)。失踪直前、池袋付近の飲食店(大衆キャバレー)に勤務していたとき、『ちとせ』と名乗る。生年月日、一九五五年七月五日ごろ。失踪当時の住所、東京都豊島区。本籍および出生地、埼玉県。/今日、訪韓した(警察庁の)担当者が金賢姫にT・Y子の写真をみせたところ、金賢姫も、李恩恵だと答えた。その細かなことは、担当者がこちらへ戻ってからあらためて説明したい……」(『北朝鮮に消えた女』野田峯雄)

韓国の情報謀略機関である国家安全企画部も記者会見を行って李恩恵の身元が判明したとし、翌日の十六日、金賢姫に内外の記者たちに対して、「恩恵先生に間違いありません」と語らせた。

∴

『北朝鮮に消えた女』の著者、野田峯雄によれば、埼玉県警の刑事が、ハリウッド池袋店にやってきたのは、李恩恵の身元発表の前、四月の終わりか、五月の初めだったという。

ハリウッドの山田光明店長によれば、「ちとせ」＝李恩恵は、綺麗な、目立つ女だった。きりっとひきしまった体型で背丈もあった。ハイヒールを履いて百六十五センチぐらい。韓国の国家安全企画部の作った似顔絵は、「ちとせ」とは似ても似つかないものだったそうだ。

そして一～三歳の子供を抱えていたという。

店長は、「ちとせ」については、三つのことしか覚えていない、と言った。

失踪する一月前に、二十七万円を「ちとせ」に貸したこと。店長は、その金でアパートを借りたのではないか、と推測している。

二人の子供をベビーホテルに預けっぱなしにしていたこと。ベビーホテルから電話が入ったために、「ちとせ」の兄に連絡して、ひきとってもらった。

三つめは、欠勤が続いていたので、アパートに様子を見に行ったものの、ドアは施錠されていたこと。この後、ベビーホテルの一件もあずかって、アパートの管理人にドアを開けてもらったが、もぬけの殻だった。

ハリウッドは、七のつく日が給料日だった。

五月の二十七日に給料をもらってから、店に現れなくなった。

店に入る経緯については、誰の紹介でもなく、いわゆる「飛び込み」だった。

福富さんは、テレビなどに出演する時、ハリウッドは、託児所があるので、その日から働けると、つねづね言っていたのも彼女がこの店を選んだ理由の一つだろう。当時、池袋店の託児所には、十〜十三人の子供が預けられていた。

福富さんは一件について、こう語っている。

「二年ほど前のある日、日本の官憲がいきなり私の経営する『ハリウッド』にやってきた。実は、金賢姫に日本語を教えていた女性が『池袋ハリウッド』のホステスだったというのでマスコミが大騒ぎし、テレビは二十四時間ぴったりくっついて店を取材していた。官憲の方は、表沙汰にするにはまだ証拠不十分というので、私の店の者に対しても非常に慎重な態度で臨んでいた。／私はその女性を見た覚えもないし、どんな素性の女かも知らなかった。聞いてみると、一九七八（昭和五十三）年ごろ『ちとせ』という名前で働いていたが、突然失踪し、李恩恵という名前で、北朝鮮で金賢姫に日本語を教えていたらしいという。／金賢姫の自白によると、その日本語の先生は『バッカみたい』という言葉をよく使っていた。そういえば今から十五年ほど前、『バッカみたい』とか『あっ、ホント』といった言葉がはやったことがある。女子大生などよりもむしろホステスがよく使っていたようで、李恩恵もそれを連発していたという。／李恩恵という人物を捜し出すために『ハリウッド』の池袋店に取材が殺到（中略）した」（『昭和キャバレー秘史』）

∴

北千住のハリウッドに伺った時、事務所に警視総監からの賞状がかけられてあった。

福富さんがその時の逸話を明かした。殺人犯がね、ハリウッドの銀座店にいたんです。私はテレビによく出てた時期があって、テレビ局の人たちと、銀座で飲んだりしていました。その日は、ある殺人犯の取材に行ったんですが、その事件というのは、女性が男を殺して埋めちゃった、というもの。その女性は埋めた場所、秩父の山に近い旅館で女中として働きながら、毎晩のように拝んでたらしいんです。

で、テレビのディレクターに取材してくれ、と頼まれて、その、男を殺したという女中を探すことになったんです。

取材から帰ったその日、テレビのスタッフたちと銀座の店に行き、マネージャーに綺麗な子をつけてくれよ、と言ったら、今日入ったという子を連れてきた。京都出身だってね。テレビ局の連中が喜んで、「おうっ、京都のいとはんか」なんて変なこと言って、ちょっとおだててからね、他にはこういう殺人犯がいるとか何とか、そういう取材しろとか話していると、「私はね、殺人の現場見ましたよ」って女の子が言うんですよ、いとはんが。「あんたね、嘘言っちゃいけないよ。これは本当のテレビ局なんだから」って言った。そうしたら、「いや、本当に殺しの現場見たんですよ」って。でもね、こっちは嘘だと思ってるから、「もうそんな話、こんな席でするもんじゃないよ」と。

一夜あけてね、夕方、出勤すると、警察官のOBたちが腕組みしてね、じょごじょご話してる。

OBの一人が私に、週刊誌見せてね、京都で愛人を殺して池の中に沈めて、今、全国指名手配中の女がね、うちの店にいると言うんですよ。何とその女はあの「いとはん」だった。ところがOBは、こっちの事情を忖度して、通報するのは「まずいんじゃないですか」って言うの。いろいろね、世間の目もあるでしょう、と。

でも、僕は「かくまったらよけいまずい」と言ったの。

実は前にね、渋谷で事件があった。うちの従業員に、何かの犯人がいたらしいんだけど、僕が自首させなかったって、二年間ぐらい言われたことがあったんです。

ところが、OBたちは「よく調べてみないと、人権侵害になりますよ」と、えらい慎重なんです。

そうしたら、うちの従業員が、まあ、バカと言えばバカなんだけど、一一〇番かけちゃったんですよ。一一〇番で「うちの店のホステスが殺人犯らしいんですけれど、どうしましょう」ってかけちゃった。

そうしたらね、ピューッとパトカーが一分以内に、三台も続けてうちに来たんですよ。「あんた、こんな早く呼んだって、証拠がまだ分からないのにね、困るよ」ってOBが言うの。

そうこうしている内に、犯人の女の子が、「おはようございます」って、来たんです。で、私はその女の子に「あんた、悪いけどよ、ちょっとちょっと」って呼んで、「これ、あんた?」と、その週刊誌を見せた。すると「そうです」って言う。

「逃げたりすると、まずいから、自首しなさいよ。私が責任持ってね、自首の形を取ってあげるから、そうすりゃね、罪が軽くなるよ」

∴

福富太郎さんは、絵画のコレクターとしても名が知れ渡っている。

そのコレクションの白眉とされているのが、美人画作家、岡田三郎助の傑作『あやめの衣』であった。

岡田は、黒田清輝と久米桂一郎の天真道場の出身で、明治二十九年、白馬会の創立に参加した人物である。洒脱な性格で、芥川龍之介や泉鏡花、水上瀧太郎《みなかみたきたろう》ら文士とも親しく交際していた。

以下、福富さんが語る。

「あの絵はね、実は五千万円で買ったんですよ。それでしばらく持っていたんだけれども、その年に大きく赤字が出てしまってね、二億一千万円前後、と。どうしようか、と考えていたら、ポーラ化粧品の鈴木常司《つねし》さんが買ってくれた。二億五千万円くらいでした。

それで、中間決算で、二億の赤字を埋められたんですよ。埋めただけではなくて、こちらが一生懸命働いた、ってこともあるんですけど、結局、二、三百万の黒字になったんです。調べに来た税務署員に褒められましたよ。偉い奴だ、とまでは言われなかったけれども」

同じく福富コレクションの藤田嗣治《つぐはる》の『千人針』についてのやりとりも面白い。

いわゆるイトマン事件——伊藤萬株式会社をめぐって発生した特別背任事件——に介入した

許永中《きよえいちゆう》は、会社の経営を安定させるためとして美術品を買い集めていた。伊藤萬が破綻した後、許永中が買い集めた美術品は、競売に付された。

この時、福富さんは、『千人針』を百万円で入札したのだった。

「イトマンの帳簿では、一億二千万円になっていたらしいの。で、私はね、百万で入れてみろ、と言ったんですよ。そうしたら、仲介人がブルっちゃってね、恐いって。でも、いくら許永中だって競売で人を殺したりはできない、と。オークションで安く入札したから殺された、っていう例しはこれまでないだろう、って言って入札させたの。そうしたら百万で落ちましたよ」

帳簿価格一億二千万円という藤田の名作を、百万円で手に入れたのだから、買い物上手と言う他はない。とはいえ、いい買い物をするためには、それなりの修養と投資が必要なことは言うまでもない。

「で、藤田の奥さんの友達って人がいて、藤田作品の鑑定なんかをやっている。その人に見せたんですよ、『千人針』を。そうしたら『キャンバスも、絵の具もバッチリです』って、太鼓判を押してくれた。『こんないいものはない、大事にしなさい』って」

福富さんは、コレクションを三菱倉庫にあずけている。福富さんの倉庫は、かつて安宅《あたか》産業のコレクションが収納されていたスペース——現在は、大阪市立東洋陶磁美術館に移管されている——に収納されている。

「家賃としては、年一千万円ぐらいですよ。で、デパートやなんかに、作品を貸してね、倉庫料をそれで賄うようにしている。今は結構、高く貸してますよ」

河鍋暁斎《かわなべきょうさい》を巡る、慶應の奥野信太郎についてのエピソードも面白い。

「奥野先生は、風流人だから、夜にキャバレーで遊んだりはしない。昼に来てビールを呑んで、パッと帰る、というね。で、ある日、私が、骨董屋で書棚を買ってきたんですよ。そうしたら、骨董屋が喜んで、掛軸を二本つけてくれたの。そうしたら、先生が見せてみろ、と」

その軸は、河鍋暁斎のものだった。

「この人は名人だけれど、今は安い。鳥を描く名人で、今だったら一羽一万円で買えるだろう。最後には、一羽百万になるぞ、と教えてくれたんです」

現在、福富コレクションの中核となっている河鍋暁斎の作品は、全国各地で展覧されている。

ハリウッドには文士も多くやって来た。

「吉行淳之介さんも来たかな。やっぱり、遠藤周作さんが連れてきたんだと思う。そうそう、今東光《こんとうこう》さんもいらっしゃいましたね。店の子たちは、なんにも解らないから、『なに、あのハゲ』とか言っていたけれどね」

大僧正も、ハリウッドのホステスにかかっては、形無しである。

「あと、五味康祐《やすすけ》先生かな。五味さんと僕は、何というかな、もちつもたれつの関係でね。五味さんが家を建てたんですよ、京都に。宮大工を呼んでね。で、棟上げ式が済んだあと、五味さんにね、宮大工を、お前の店で、メチャクチャに遊ばせてやれ、と頼まれたの。もう、いくらでも俺が払ってやるから、と」

∴

二〇一八年五月二十九日、福富さんは八十六歳で亡くなった。

死因は老衰。眠るように逝かれたという。

七月二十三日にはキャバレーハリウッド北千住店で、福富さんのお別れの会が開かれた。

生前親交のあった人たちが招かれ、ハリウッドのホステスさんたちがもてなす「キャバレー葬」だった。

私も参加させていただいたが、二百人は入るであろう店内は満席の大盛況であった。

派手なライティング、いつも通りの化粧と衣装のホステスさんたち、ステージではバンドの生演奏による歌謡ショーとは、さすがは福富さんである。

今や日本の葬儀も多様化しているといえ、こんなキャバレー葬ができるのも、似合うのも福富さんだけだろう。

芸能人、スポーツ選手、テレビ関係者、美術関係者と、生前の幅広い交流ぶりが伺えた。

二〇二一年四月二十四日から六月二十七日まで東京ステーションギャラリーで「福富太郎の眼」展が開催された。

福富コレクションの全体像を提示するという展覧会で、私は初日に行った。翌日から東京には緊急事態宣言が発令され、展覧会はたった二日開催されただけで、美術館は休館になってしまったが、六月一日には再開館された。

入り口を一歩入ると「あしわけ舟」に始まる鏑木清方《かぶらききよかた》の美人画が福富さんの世界へと誘ってくれた。

そのあと、渡辺省亭《せいてい》、小村雪岱《こむらせったい》、松浦舞雪《まいせつ》、北野恒富《つねとみ》、島成園《せいえん》らが描いた女性たちが延々と続き、見ているうちに、キャバレー「ハリウッド」でホステスさんたちの饗応を受けているような気分になった。

福富さんは買った絵を眺めるだけでなく、その絵を知ろうとした。周辺の資料を集め、絵の背後にあるものを推理した。そうやって福富さんと絵の関係は深まっていった。

この展覧会に集められたのは、そういう風に福富さんが一生をかけてつき合い続けた絵たちなのである。

絵を見ているうちに福富さんの視線を感じた。

「やっ、福田さん、どうも」とどこからか声が聞こえてきそうだった。

エルヴィス・プレスリー

Elvis Aron Presley

1935-1977

十二年前の二〇〇九年九月、私は、メンフィスを訪れた。

その頃は、写真熱が最高潮を迎えていた時期で、ウィリアム・エグルストンが切り取った、鄙びた南部の街角を、自分も撮りたいと、思ったのだ。

実際のところ、写真はたいして上手く撮れなかったけれど、メンフィスの中心地であるビール・ストリートに軒を連ねているライブ・ハウスは、いかしていたし――もっとも、ライブが終わった後、黒人のギタリストがCDを売っていたので土産替わりに買ったが、まったく楽曲が入っていなかったのには参った――、かなり愉しい街だったことは間違いなかった。

伝説のサン・スタジオにも訪れた。

エルヴィス・プレスリーや、ジョニー・キャッシュが、初めてレコードを吹き込んだスタジオで、当時は、レコード一枚の録音代が四ドルだったという。

いずれにしても、このスタジオがアメリカの、そして世界中のポピュラー・ミュージックを一変させたことは、間違いないだろう。

私が訪れた時、スタジオはスタジオの体を成していなかったが、観光客のためのガイドツアーが行われていた。

ジム・ジャームッシュ監督の映画『ミステリー・トレイン』にも、このスタジオは登場している。永瀬正敏と工藤夕貴扮する日本人のカップルがサン・スタジオを訪れ、ガイドの早口に呆然とするシーンがあるが、同じことを私も体験した。

∴

エルヴィス・プレスリーは、一九三五年一月八日、ミシシッピ州テュペロで生まれた。父ヴァーノン、母グラディスの三人家族である。

一家は、きわめて貧しかったが、父親は、プレスリーの十一歳の誕生日に、ギターを買ってプレゼントしてくれた。

高校卒業後、トラック運転手として働いた。

そして一九五三年の夏、四ドルを払って、アセテート盤に二曲――『マイ・ハピネス』と『ザッツ・ホエン・ユア・ハートエイクス・ビギン』――を録音した。

サン・レコードの社長サム・フィリップスは、エルヴィスの才能に感嘆したと伝えられているが、本当のところは解らない。

解っているのは、レコーディングをするはずの歌手がスタジオに現れなかったため、ピンチ・ヒッターとして、エルヴィスが呼ばれたことだけである。

サン・レコードは、エルヴィスと契約し、とりあえず五枚のシングルをリリースした。

曲はすべて、リズム&ブルースとカントリー&ウェスタンのカバーであった。

∴

一九五五年、エルヴィスの両親は、トム・パーカー（通称、パーカー大佐）と契約し、結果としてサン・レコードとの関係は断ち切られた。

大佐は、エルヴィスにＲＣＡと契約させた。

翌年の一月、トミー・ドーシーとジミー・ドーシーの『ステージ・ショー』に出演し、リズム&ブルースを歌った。

当時、白人がソウル・ミュージックを歌うことは珍しく、教育団体などから批判を受けたが、若者たちは熱狂した。

同年、『ハートブレーク・ホテル』がリリースされる。

この一曲で、エルヴィスは、押しも押されもせぬ、アメリカを代表するシンガーと見なされるようになった。

一九五八年、エルヴィスはアメリカ陸軍に徴兵された。

当時、東西冷戦の最盛期であり、若者は前線基地に送り込まれていた。

大佐は、策を弄することをせず、エルヴィスを入隊させた。特権を行使して、エルヴィスが批判され、人気を失うことを危惧したのである。

配属先は、西ドイツのアメリカ軍基地で、エルヴィスは、ジープの運転手として働いた。軍に在籍中、空手の黒帯を取得した。

∴

エルヴィスは帰国し、ニュージャージー州のディックス駐屯所主計事務所から、除隊小切手を受けとった。

旅費、食費、衣服費で百九ドル五十四セント。迎えに来たパーカー大佐は、「俺の取り分をわすれるなよ」と、新聞記者たちに聞こえるように言った。

エルヴィスは、大佐に小切手を渡した。

六人の憲兵に囲まれて、リムジンに向かって歩いてゆくと、六人の女の子が、エルヴィスに向けて駆け寄ってきた。

憲兵は阻止しようとしたが、エルヴィスは、ファンに笑顔を見せ、トランクからサイン用の写真を選び、一人ずつ宛名を書いた。

兵士たちも、盛んにエルヴィスに対して手を振った。

大佐は、エルヴィスが兵役を務めている間、一日もかかさず、何らかの、エルヴィスの消息をメディアに流し続けていた。

大佐についての毀誉褒貶《きよほうへん》は激しいが、どんな敏腕マネージャーでも、兵役についたスターの情報を、毎日、流すことはなかなかできるものではない。

∴

除隊後、エルヴィスは即座に活動を始めた。フランク・シナトラが企画したテレビショー、「プレスリー帰国歓迎家庭パーティ」に出演した後、間髪を入れず『G・I・ブルース』の撮影に入った。

ついで『闇に響く声』と『さまよう青春』が封切られ、大佐は、地方の零細な映画館まで足をのばして、エルヴィスのカムバックをアピールした。

エルヴィスはナッシュビルのスタジオで、レコーディングをすることに同意した。

カントリー・ミュージックの聖地ともいうべき、ナッシュビルに赴けば、新しい境地が開けるのではないか、と期待したのである。

パーカー大佐は、バズ・ケイソンワークショップに一週間の予約をとった。

レコーディングは、十月二十日に始まった。

エルヴィスが、ナッシュビルに到着する前に、録音はすでに始まっていた。

しかし、セッションが始まったにもかかわらず、エルヴィスはナッシュビルに現れなかった。

エルヴィスは、自らの才能が枯渇して時代に置き去りにされるのではないか……と不安を抱いていたのだ。

新しいミュージシャンが台頭してきた。

エルヴィスより一回りも下のミュージシャンたちのアイデアに、エルヴィスは、圧倒されていたのだった。

一九六三年から六八年くらいまで、エルヴィスの音楽活動は低迷を続けたが、六九年に発売した「サスピシャス・マインズ」と「イン・ザ・ゲットー」で息を吹き返した。

∴

エルヴィスは駐西ドイツアメリカ軍での所属部隊長の継子、プリシラ・アン・ボーリューと恋仲になった。

まだ未成年だったプリシラを、名門のカトリック女子高に通わせることを継父たちに誓い、彼女はメンフィスで暮らすことになった。

しかし実際のところ、エルヴィスは結婚について、懐疑的であった。友人の宝石商、ハリー・レビッチに、指輪を用意するように頼んだが、ずっとクローゼットの隅に置いたままだった。

それから八年もの年月が流れ、業を煮やした、プリシラの父親は、エルヴィスに、男としての義務をはたすように要求した。

それでも、エルヴィスは戸惑っていたが、一九六六年のクリスマスに、ようやく「義務」を遂行することにした。

エルヴィスは、子供っぽく笑いながら、プリシラに目をつぶるように求めた後、小さなビロードの小箱を差し出した。

小箱の中には、三・五カラットのダイアモンドの指輪が収まっていて、その周囲に一列の小さなダイアモンドが入っていた。

一九六七年五月一日、二人はラスベガスのアラジン・ホテルで結婚した。

∴

大佐とエルヴィスは、新しい契約を結んだ。すべては、従前通りだが、大佐がエルヴィスの唯一の代理人であることを、実務的に規定したのである。

そして報酬の内容も規定された。

エルヴィスがMGMと七十五万ドルで契約し、映画を制作した場合、エルヴィスが五十万ドルを受け取り、大佐の取り分は二十五万ドルとなる。

それでもやはり、大佐は有能でRCAとの契約を一九八〇年まで、延長させたのである。

仕事が忙しくなるにつれ、エルヴィスの浪費が始まった。

ミシシッピーで馬を買いつけた後、エルヴィス夫妻は、見事な牧場を目にした。

百六十エイカーの「トゥインクルタウン・ファーム」である。

空港近くの不動産屋に寄ったところ、何とトゥインクルタウン・ファームが売りに出されていることを知った。

エルヴィスは、四十三万七千ドルの売値に対して、五千ドルの手付けを払った。

その後の一週間で、エルヴィスは、五台のトラックと、一九六三年型のキャデラックを買った。

二月に入って、正式に権利証を譲渡された時には、二十数台の自動車と、六台のトレーラー、馬を載せる六台のヴァンを購入。二週間で、十万ドルを遣った。

エルヴィスは次第に精神のバランスを欠いていった。

大佐とも連絡を絶っていた。

映画『ブルーマイアミ』の挿入歌のセッションは、エルヴィスの要望で、ナッシュビルに変更されたが、セッションの最中に、牧場に飛行機で戻ってしまい、翌日も姿を見せなかった。

大佐は、撮影を延期する口実として、医者の診断書を用意した。

エルヴィスは、三月五日に、カリフォルニアに到着した。

翌日、スタジオに入り、衣装あわせをした。

ところが衣装のほとんどが入らない。過食症で極度に肥満していたからだ。

大佐とスタッフは、溜息をついたが、結局、どうすることもできなかった。


一九七七年の夏、エルヴィスにとって、夜は最悪の時間帯になっていた。

今日も眠れないのではないかと、毎晩危惧し、気がつくとありったけの薬をかきあつめて呑み込んでいた。

そして悪夢。

彼の夢は、おなじみのものだった。

観客がブーイングを始め、自分にむかって、ハンバーガーやコカ・コーラを投げつける。

罵倒と嘲弄の嵐のなか、エルヴィスはステージからひきずり下ろされる。金は無くなり、ファンに見捨てられ、大佐にも相手にしてもらえなくなり、一人ぽっちになる……。

八月十六日から、エルヴィスはツアーに出ることになっていた。今度のツアーは、これまでで最高のステージになるだろう、とエルヴィスは言った。

けれど、『最高』のステージのための準備は、一切しなかった。

運動はまったくせず、スタッフたちが提案した、新曲の導入にも興味をもたなかった。

父、ヴァーノンがやってきた。

息子の貌《かお》を看て狼狽《うろた》えた。青ざめて、老人のような深い皺がよっていたのだ。

「ダイエットを始めたんだよ、液体蛋白ダイエットというんだ」

父は、それはいい、と励ました上で、「運動をすることも大事だよ」と忠告した。

注文していたバイクが、自邸のグレイスランドに届いた。エルヴィスはフュエルタンクを撫でながら言った。

「一周り乗ってみたいから、ジャンプスーツを持ってきてくれないか」

スーツに、エルヴィスは足を入れようとしたが、どうしても入らなかった。

「太りすぎだな」

エルヴィスは、従弟のビリーに言った。

ビリーはエルヴィスの気分をかえようとして、麻薬取締官からプレゼントされたジャンプスーツをクローゼットから持ってきた。

スーツを着るのを手伝い、足首が腫れているために自力ではジッパーを上げられないエルヴィスに、エナメルのブーツを履かせた。

歯科医のホフマンがやってきて、歯の掃除をし、小さな虫歯を二つばかり治した。

エルヴィスは、ツアー中に読む本を数冊、用意していた。

一番、エルヴィスが興味をもっていたのが、トリノの聖骸布の調査をしたフランク・アダムズの『イエスの顔の科学的調査』だった。

午前二時十五分、エルヴィスは、歯が痛むから、薬を処方してもらってくれ、と頼んだ。

夜間に営業している薬局でビリーは処方箋をもらった。その二時間後、エルヴィスはビリーに電話をかけてきた。

「ラケットボールをしないか？」

ビリーと妻・ジョーは既に床に入っていたが、身繕いをしてラケットボールのコートまで歩いていった。

雨は嫌いだとビリーが言った。

「問題ないよ、俺がなんとかするから」

エルヴィスは、おもむろに両手を挙げた。

そうして、雨は止んだ。

「信念を少しばかりもっていれば、雨ぐらいは止めることができる」

コートに着いたものの、三人とも草臥《くたび》れていたのでろくにボールを打てず、しまいにはドッジボールになってしまった。

ラケットボールのコートからラウンジに入り、ウィリー・ネルソンの『雨の別離』の一節を、エルヴィスが弾いた。

ビリーが帰った後に、主治医のニック医師が処方した薬が届いた。

エルヴィスは、午後七時には起きる、と当時のパートナーだったジンジャーに言った。ジンジャーは、母親にお休みを言うために、電話をかけた。

「エルヴィスは、元気かい」

ええ、と相槌をうち電話を切ったが、なんだか悪い予感がした。ジンジャーは、自分のバスルームで顔を洗い、化粧してから、エルヴィスのドアをノックした。

返事はなかった。

力をこめて扉を押し開くと、エルヴィスが床に倒れていた。

金色のパジャマのズボンが足首まで下げられていた。吐瀉物のなかに、エルヴィスの顔は埋もれていた。

救急車が到着し、エルヴィスは病院に運び込まれた。蘇生の専門家が待機していたが、彼らの出番はなかった。

死因は心臓発作だった。

一九七七年八月十六日、エルヴィスは永眠した。

∴

南部中央電話会社は、回線の負担が過重であるため、電話の使用は、緊急の事態のみにしてほしい、と市民に呼びかけた。

地元の花屋には注文が殺到したため、郡部まで、花を漁りにいかなければならなかった。

葬儀は、グレイスランドで行われた。

三時から五時まで、一般の人々のための式が行われた。嗚咽はとどまることなく、しまいには集団ヒステリーを思わせる状況になった。

警察のヘリコプター三機が、グレイスランドの上空を旋回していた。

棺が開かれた。

父ヴァーノンは、何があっても息子を守るという気構えで、棺の横に立っていた。にもかかわらず従兄弟の一人が、小型カメラ、ミノックスを窃《ひそ》かに持込み、エルヴィスの死顔を撮影した。

写真は「ナショナル・エンクワイラー」紙が買い取り、掲載した。エルヴィスの顔は蒼白かったが、ハンサムに写っていた。

五時過ぎに、お別れのミサは終わった。

式に参加できなかったジェームス・ブラウンは、遺族に頼んで、一対一での対面を望み、その願いはかなえられた。

十時過ぎ、最後の弔問客が訪れた。

一九六三年に暗殺されたケネディ大統領の娘、キャロラインだった。彼女は、門の傍らに立ち、許しを待っていた。

ヴァーノンは、大統領の娘がなぜ？　という心持を拭えなかったが、キャロラインを息子の棺まで案内した。

∴

メンフィスの旅の終わりはグレイスランドだった。

市内からシャトルバスに乗って約十五分。チケット代は五十ドルくらいだったと記憶している。

世界中から観光客が押し寄せるこの旧邸宅にはプレスリーが実際に身につけていたコスチュームやジュエリー、個人的な記念品や写真なども展示されている。キンキラの内装は趣味が悪いが、いかにもプレスリーである。

入口には写真屋が立っていて、「記念写真を撮れ」としつこかった。過去に撮られた写真が飾ってあって、「日本人はみんな写真を撮るよ。ほら」と指をさした写真を見ると、ジョージ・ブッシュと小泉純一郎が写っていた。

小泉はエルヴィスの大ファンで、二〇〇六年の日米首脳会談の際、ブッシュ夫妻とともにエアフォース・ワンに乗ってグレイスランドを訪問したのだった。

大塚明彦

Otsuka Akihiko

1937-2014

高倉健、菅原文太という名優が相次いで亡くなり、世間を騒がせた平成二十六年十一月、ある人物の訃報が伝えられた。

大塚明彦。

大塚ホールディングスの代表取締役会長である。

はて、どんな人だろう？　と思われる方も多いだろうが、ボンカレー、ポカリスエット、カロリーメイトの開発者といえば、おおよその見当がつくのではないか。

∴

大塚ホールディングスは、大塚製薬、大塚食品、大塚化学、アース製薬などにより、医薬品からヘルスケア、食品までを幅広く展開。『知られざる一兆円企業』と、巷間呼ばれている。

この源流である大塚製薬工場は、大正十（一九二一）年に徳島県鳴門市で産声を上げた。

創業者は明彦の祖父、大塚武三郎《ぶさぶろう》である。

終戦直後、従業員わずか十七人の小さな会社を大企業へと発展させたのが、昭和二十二年に会社を継承した、武三郎の息子、正士《まさひと》だった。

その第一歩は、点滴注射だった。大手薬品企業が戦後復興で手が回らないこの分野に参入し、急発展を遂げたのだ。

さらに父親の反対を押し切って、東京進出を決める。

その時の決意を、「雪だるまを作るには、雪深い北海道に行くしかない。オレはカネだるまを作るのだから、東京に出て行く」と、自伝『わが実証人生　三五〇年を生きた一人の男　その酒と女と経営人生』で書いている。この本は上下巻で十万円。古本市場でも見つからず、国会図書館で閲覧するしかなかった。

クロス装の赤い大きな箱に収められていて、一巻千三十ページあまりの大部の書である。表紙にはタイトルが金で箔押しされている。

しかし、二代目社長の正士とて、順風満帆であったわけではない。

点滴注射は大手の生産ラインが整ってくると、注文が半減した。

販路拡大によるコスト増により経営難に陥り、このままでは倒産かと思われた時、朝鮮戦争の特需に救われた。

苦境を乗り切った正士は昭和二十八年、アメリカのオロナイトケミカル社の新殺菌剤を軟膏にした「オロナイン軟膏」を薬局の店頭で大衆薬として販売し、大ヒットとなった。

宣伝方法も新しいものだった。

「ミス看護婦《ナース》」を募集し、選考で選ばれた、筒井喜久子を使った新聞宣伝を展開したのである。

この大ヒットが大塚製薬発足のきっかけとなり、昭和三十九年、大塚製薬工場から四国以外の販売部門が分社化され、大塚製薬株式会社が設立された。

そして、その翌年には新たなヒット商品が生まれた。

オロナミンCドリンクである。

商品名は、「オロナイン軟膏」と「ビタミンC」を合成している。

「子供から大人まで、男女問わずいつでもどこでも美味しく飲める」をコンセプトに開発されたこの飲料は、炭酸が入っていることから、医薬品として認められなかった。

つまり、宣伝に健康増進の効果をうたうことができなかったのである。

正士はこれを逆手にとった。

「医薬品であれば薬局でしか売れない。薬局は全国に約四万軒しかない。ところがオロナミンCは炭酸飲料だからどこででも売れる。小売店は全国にざっと一六〇万軒ある。『四万軒』と『一六〇万軒』、この差はとてつもなく大きい」(『わが実証人生』)

全社一丸となって、食料品店や雑貨店、酒店、鉄道や病院の売店、大衆浴場、パチンコ店、ゴルフ場と、販路を開いていった。

また、バーやクラブといった、夜の市場にも販促をかけた。

「酒を飲んだ人に疲労回復のために薦められます。酒の弱い人にはオロナミンCをベースにいろいろなカクテルを作ることができます」と、店の人をくどいていったのだ。

宣伝には、庶民派人気コメディアンの大村崑を起用。

「おいしいと眼鏡が落ちるんですよ」というキャッチフレーズが使われた。

少し眼鏡を下げた大村崑が、オロナミンCドリンクの壜を持ち、その横に「元気ハツラツ」と大書されているホーロー看板を、私は今でも覚えている。

しかし、普通の瓶入りジュースが一本三十五円、二百五十ミリリットルの缶入りコーラが五十円の時代に、オロナミンCは一本百円。他社の栄養ドリンク百五十円を意識した値付けだったため、苦戦を強いられた。

その風向きを変えたのがオイルショックであった。他の飲料メーカーがこぞって値段を上げたのに対し、大塚製薬は最新の生産システムの導入によりコスト削減に成功し、百円の価格を維持した。

すると、急激に年間販売数が増え、一九七四年二億本、七七年五億本、八一年には十億本を突破した。

オロナミンCの素晴らしさは、現在も売れ続けていることだ。

味もパッケージもそのまま。価格は百十円。発売から五十年がたとうとしているのに、値上げしたのは、たったの一度だけだという。

現在テレビCMでは、女優の森七菜が「元気ハツラツ!」のキャッチフレーズを口にする。若者が、普通に飲める飲料であることをアピールしている。

正士の社訓は、「わが製品がより多くの人々により多くの幸せを与えることを目的とする」であった。

その正士から明彦が会社を引き継いだのは、昭和五十一年。

ここから、大塚製薬は新たなステージに踏み出していくこととなる。


大塚明彦は昭和十二年、徳島県鳴門市に生まれた。

父の正士はまだ大塚製薬の社長に就任していなかったが、自伝『わが実証人生』のなかで、「長男明彦誕生により、人生における自己責任を痛感して、仕事に対する真剣さが出てきた」と述べている。

戦後、社長となった正士が、新商品の開発によって会社を大きく発展させていく様子を、明彦は間近に見て育った。

昭和三十五年、明彦は中央大学工学部を卒業し、大塚製薬に入社した。

∴

明彦による最初のヒット商品はボンカレーである。

昭和三十九年、関西でカレー粉や即席の固形カレーを製造販売していた会社を、大塚グループが引き継ぎ、大塚食品が誕生した。

当時、洋食の代表といえば、カレーであり、メーカー間の競争が激しかった。

「何か新しいカレー商品を開発したい」と考えていた明彦の目に止まったのが、アメリカのパッケージ専門誌『モダン・パッケージ』に掲載された「US Army Natick Lab」の記事だった。缶詰に代わる軍用の携帯食として、ソーセージを真空パックにしたものが紹介されていたのである。

「この技術を応用して、お湯で温めるだけで食べられるカレーができないだろうか」

当時、大塚製薬徳島工場の建設責任者であった明彦は、この案を社長である正士に持ち込んだ。

「面白い」と、すぐに開発が始まった。

しかし、大塚食品はまだ発足したばかりでよちよち歩きの会社といってよく、大塚化学が事業化していくことになった。

まずは、味を決めなければならない。

正士の弟、公《いさお》が中心になって、京阪神のカレー店を食べ歩いた。京都の老舗カレー店『ジャワレストラン』のコック長、清住幸央の指導を受けて、納得のいくビーフカレーを作り上げた。

清住の「指導」がどの程度のものだったかは、確認できないが、大塚食品としては、満足のいく取引だったに違いない。

さらに、プラスチックの袋に入れて常置し、食する時には、沸騰したお湯に袋のままつけて、三分間で出来上がるというレトルト商品を試行錯誤のうえ、完成させたのである。

名前を「ボンカレー」に決めたのは公だった。フランス語の「ボン（＝良い）」と「カレー」を結びつけたネーミングだった。

かくして、昭和四十三年二月十二日、世界初の市販用レトルトカレー「ボンカレー」が阪神地区限定で発売された。

ところが、プラスチックの袋であったため、光と酸素のせいで、冬場は三ヵ月、夏場は二ヵ月で味が変わってしまう。輸送の途中で袋が破れるなどの事故も多発した。

翌年、アルミ箔を用いたパウチを採用して全国発売したところ、大ヒット。

笑福亭仁鶴を起用し、「三分間待つのだぞ！」と、『子連れ狼』をモチーフとしたテレビコマーシャルを展開し、大評判となった。

外函は、カレーの図柄ではなく『琴姫七変化』の松山容子の写真を採用した。

ボンカレーが発売された時、私は九歳。母にねだって買ってもらい、目の前で作ってもらった。

小鍋に湯を沸かして、パックを入れ、時計を持って、待つこと三分間。この時のわくわくした気分は今でも覚えている。

こうした目新しい調理過程も、ボンカレーの大きな魅力の一つだったのである。

∴

この後、明彦は取締役、常務、副社長を経て、昭和五十一年、大塚製薬の社長に就任した。

正士・明彦親子を知る関係者は、「正士さんを現実主義者とすれば、明彦さんは理想主義者」と評している（『Forbes』二〇〇〇年九月号）。

明彦が社長に就任した四年後の昭和五十五年、ポカリスエットが発売された。

現在世界十九ヵ国で約七百億円の売り上げを誇るこの商品は、「汗の飲料はできないのか」という明彦の一言から生まれた。

発汗で失われる水分と電解質を補給するという新しい発想によるものだった。

その頃、二百五十ミリリットルの缶コーラが百円だったのに対し、ポカリスエットは二百四十五ミリリットル缶百二十円という値付けだった。

発売当初は「摩訶不思議な味」と言われていたが、発熱時やスポーツ時など汗をかく様々な場面に適した飲料として次第に受け入れられていく。

実のところ発売前のモニター調査でも、九割の人が味に違和感を覚えたのである。

そこを明彦は「多くの人が好むものは他社の商品と競合する。一割程度の支持が適当だ」と、発売を決めたのである。

この視点を変えた発想はその後、大塚グループの開発における鉄則となっていく。

昭和五十八年、カロリーメイトが発売された。「バランスよく栄養を手軽に取る」というコンセプトのもと、スコットランドの伝統的な菓子であるショートブレッドから着想を得たチーズ味のブロックタイプとミルク味の缶タイプの二種類であった。

初めは、スポーツ選手を中心に販促が展開されたが、途中で栄養バランスが偏りがちな時の栄養補助といった用途提案に切り替えると、一般層に定着した。

発売六年目にようやく売り上げが上昇し始めたカロリーメイトはその後、大塚製薬の看板商品へと成長していく。

明彦は日本にとどまらず、エジプト、中国、韓国に事業所を創設、アメリカとドイツに研究所を設けるなど、グローバルな事業を展開。

巨大企業に成長した大塚製薬は、その莫大な資産をつぎ込み、壮大な夢の事業に着手することとなる。

平成二十七年一月二十一日と二十六日、前年十一月二十八日、七十七歳で他界した、大塚明彦のお別れの会が東京と徳島で行われた。

徳島の会場は、大塚国際美術館。

この美術館こそが、四百億円もの巨費を投じた、大塚グループの一大事業であり、同時に企業を挙げての蕩尽といえるのではないだろうか。

∴

旅行で高知を訪れた時のこと。知人のホテルオーナーに、「面白いところがあるから、是非行ってみてください」と、大塚国際美術館を薦められた。

高知から鳴門海峡近くの国立公園内にある美術館までレンタカーを運転して行ってみた。

地上三階、地下五階という巨大ビルの見上げるようなエスカレーターを上り、エントランスに足を踏み入れると、目の前に青い礼拝堂が現れた。

壁面に描かれている聖母マリアとキリストの絵には見覚えがあった。

イタリア中世の画家、ジョットによるものに間違いない。

しかし、近くに寄ってよく見ると、それは単なる模写ではなく、陶板に焼き付けられた絵画なのであった。

ここ大塚国際美術館は、一千点にも及ぶ世界の名画を、全て陶板に、しかも原寸大で描いた作品を展示しているのだ。

古くは古代ポンペイの壁画から、ロマネスク絵画、バロックのレンブラント、ゴヤ、近代のルノワール、ゴッホ、現代のクレー、ピカソまで。順路通りに鑑賞すると、四キロメートルにも及ぶという。

さらに驚くのは、エントランスの礼拝堂をはじめ、絵画作品だけでなく、内部の空間そのものを立体的に再現した、十二点もの環境展示があることだ。

∴

大塚国際美術館は「大塚グループ創立七十五周年記念事業」として、平成十年三月二十一日にオープンした。

しかし、その構想は二十五年も前から動き始めていたのである。

昭和四十八年、大塚オーミ陶業株式会社が創立した。

徳島には吉野川があり、その吐きだし河口には、永年の川砂が沈積し、「海砂」となっていた。

コンクリートの原料となる海砂は戦後、鉄筋コンクリート建築がさかんになると、需要が高まった。

明彦の父、正士はこれに目をつけたが、海砂は有限のため、新規採取は認められなかった。

そこで、海砂でタイル（陶板）を作って売ることを考えたのである。

この頃、東京の霞が関に、三十六階の超高層ビルの建設が始まっていた。

超高層ビルの建築ラッシュがくるとにらんだ正士は、負荷を軽くするため、「水に浮かぶくらいに軽いタイル」の開発を目指した。

三年の時間をかけて見事、水に浮くタイルの開発に成功し、副生産技術として大型陶板も誕生した。

直ちに特許を出願し、このタイル製作のために大塚オーミ陶業は創立されたのである。

ところが、創業した矢先に石油ショックに見舞われ、ビル建築は急低下、建築業界は不況のどん底に沈んでしまった。

当時専務だった奥田實によって、美術陶板の製作が提案された。

「タイルのような安いものではとても食べていけない。この小さな試験設備でできるもの、それは単価の高い、しかも他社で真似のできない美術品を、それも国宝級のものを陶磁器で製作する以外道はない」（『わが実証人生』）

大塚オーミ陶業が開発した美術陶板は、大きなもので縦三メートル、横六十センチの陶板に、世界各地の美術館で撮影してきた原画の写真を転写し、油絵独特の質感を再現するため、本職の画家が修整を加え、一千三百度の高温で焼成したものである。

最大の特徴は油絵やテンペラ画のように劣化しないこと。二千年たっても色が褪せることはないという。

二百年後、三百年後、世界の名画が色褪せた時に、世界中から美術愛好家が徳島に集まってくる、というのが、美術館建設に際しての正士の構想であった。

また、「徳島からヒトが流出しないように堰を作る」のが狙いでもあった（『日経ビジネス』二〇〇三年九月二十九日号）。

∴

美術館が開館した八ヵ月後の平成十年十一月、新薬開発をめぐり名古屋大学医学部元教授に六千万円の賄賂を贈ったとして、明彦が逮捕された。翌月には、大塚製薬社長を辞任。

翌年三月に、懲役一年八ヵ月執行猶予三年の有罪判決を受けた。

「経営は理詰め」と強調し続けた理想主義者、明彦の六十一歳の挫折であった。

正士は息子が逮捕されたことについて、「『（明彦にとって）いいことだ』と語っていたという」（『Forbes』同前）。

これが自分には教え切れなかった、理想だけでは通らない、世の矛盾だと言いたかったのかもしれない。

その正士が平成十二年四月に他界し、明彦は取締役に復帰した。

平成二十年七月、持ち株会社の大塚ホールディングス設立と同時に会長に就任し、二十二年十二月には東証一部上場を果たした。

またその翌年からは大塚製薬会長を兼務し、大塚国際美術館の名誉館長も務めていた。

美術館のすぐ近くに、大塚グループの「潮騒荘」がある。社員のための福利厚生施設だというが、三十億円を投じた荘厳な建築物は、明らかにその域を超えている。

実際は要人を招く施設として使われていて、天皇陛下が訪れたことがあるという。

その隣には大塚家の二百坪の自宅が併設されている。

明彦の曽祖父の代まで、大塚家は鳴門で半農半漁の暮らしをしていたという。

曽祖父たちは、漁船から見上げていた高台の地に、子孫がこのような御殿を建てることになるとは夢にも思わなかったに違いない。

ドナルド・トランプ

Donald John Trump

1946-

ドナルド・トランプをいかに評価するかはなかなか難しい。

二〇一七年にトランプが大統領に就任した直後、某雑誌のアメリカの歴代大統領を採点するという企画で、私はトランプに二十八点をつけた。

三十点未満の採点基準は「明確に国策を誤り、アメリカに重大な危機をもたらした、もしくは世界を混乱と厄災に導き、後世に多大な弊害をもたらした」である。

この評価は今でも変わっていない。

しかし個人的に見たら、トランプはかなり興味深い人物である。

自国アメリカを愛する彼は、保護主義と国家への回帰をとなえてアメリカ大統領選に勝利し、それを政策として実現させた。

トランプはある意味、古きアメリカの父親像を体現している。

作家の赤坂真理氏が、アメリカ文学者の巽孝之氏に「トランプを文学にたとえると？」と尋ねたら、「『大草原の小さな家』」という答えが返ってきたという話を紹介していた。

『大草原の小さな家』はローラ・インガルス・ワイルダーの体験に基づいた家族史小説でドラマ化もされた。ドラマではマイケル・ランドンが演じていたローラの父親のチャールズ・インガルスは家族思いの優しい父親である。

トランプとは似ても似つかないように思えるが、実はこのチャールズ、よそ者が自分のテリトリーに踏み込もうとすると、躊躇せずにライフルを向ける。家族を守るためであれば過剰とも思える防衛をするのだ。

なるほど、確かにこれはトランプと重なる。

そしてトランプの父親もまた、そういう人だったのである。

∴

ドナルド・トランプは一九四六年に、住宅建設業者、フレッド・トランプの次男として生まれた。

父フレッドは、ドイツ移民の子としてニュージャージーで生まれた。

実家は、かなり繁盛していたレストラン経営者だったが、フレッドの父はアルコールに浸りきっており、四十代で死んでしまった。残された母、エリザベスは、三人の子——長女エリザベス、長男フレッド、次男ジョン——を養うために針子として働いた。

フレッドは、夜学の高校に通い、建築業に興味を抱いた。大工としての仕事を身につけ、図面を読めるようになり、見積もりを憶えれば、母親に無理をさせずにすむ、と思ったのである。

十六歳で、最初の建物を請け負った。

隣家のために、二台の自動車を停めることができる、ガレージを建てたのだ。

当時、中流家庭が、自家用の自動車を持つようになっていたが、ガレージはまだ、ほとんど普及してはいなかった。簡単に、安価に造れるガレージは、零細な資本と工具しか持っていない、フレッドにとって、格好の稼ぎになった。

高校を卒業し、フレッドはクイーンズの住宅建設業者の下で働き、腕を磨いた。

一年後、独立したフレッドは、クイーンズのウッドヘイブンに、初めて一戸建ての家を建てた。建築費は、五千ドルを下まわっていたが、七千五百ドルで売れた。

その利益をもとに、エリザベス・トランプ&サン社を立ち上げた。社名が母、エリザベスの名を冠しているのは、まだ、フレッドが未成年だったために、取締役になれなかったからである。

フレッドは、次から次に家を建て、売却し、また建てた。

当時、クイーンズの労働者の居住区域は、アパートが林立していた。

そこにフレッドは、目をつけた。

第一次世界大戦後の大好況、後に黄金の二〇年代と呼ばれた時代である。

アメリカは空前の大繁栄を謳歌し、大量生産、大量消費の生活様式が確立されていた。

前述したように、自動車が普及し、ラジオや洗濯機といった電化製品が一般家庭に入り込んできた。

フレッド・トランプは考えた。

クイーンズのような、労働者の街に、煉瓦造りの郊外風の一軒家を造ったらどうだろう。同業者は嘲笑した。ワーキング・クラスの人々は、アパートでしか生活できないと。

けれども、フレッドには確信があった。

狭いアパートよりも、一軒家の方が、快適に決まっている。

そして、小さな煉瓦の家は、飛ぶように売れた。狭い部屋より広い家がいい、という判断は、きわめて常識にかなっていたのである。

そして、大恐慌がやってきた。

一九二九年十月二十四日。

ニューヨーク証券取引所で株価が大暴落したのである。

フレッドも痛手を受けたが、立ち直りははやかった。倒産した住宅金融会社を買収し、一年後に売却して利益を得た。

ウッドヘイブンに、セルフサービスのスーパーマーケットを建てた。この種の店舗としては、初めてのものだ、と父の創造性を、後にトランプは賞賛している。

そしてスーパーに、地元の小売店をテナントとして誘致し、賃貸料収入を得た。

∴

トランプは、かく語っている。

「私は昔風の家庭で育った。父が一家の稼ぎ手として権力をもち、母は主婦に徹していた。（中略）私たちは大きな家に住んでいたが、自分たちを金持ちだと考えたことはない。みな一ドルの価値を、勤労の大切さを知るように育てられた。一家の結束は固く、今でも私の最も親しい友は家族である」（『トランプ自伝』ドナルド・トランプ&トニー・シュウォーツ、相原真理子訳）

小学生の頃から、トランプは自己主張が強かったらしい。

二年生の時に、音楽の先生を殴った。その理由は、先生が音楽について、何も分かってない、と思ったからだという。

いわゆる悪戯者の悪ガキで――成功者は、だいたいそう主張するが――、そのために軍隊式の私立学校、ニューヨーク・ミリタリー・アカデミーの、八年生に編入した。

学校は、性に合った。

自分がふんだんに持っている攻撃性を建設的に用いることを学んだという。

その学校を卒業した後、ブロンクスのフォーダム大学に入った。フォーダムは、イエズス会が運営している大学である。

その後、ペンシルヴェニア大学のウォートン校に願書を出し、入学にこぎつけた。

ウォートン校は、ジョン・スカリー元アップルCEOや、レナード・ローダー（エスティ・ローダーの息子）、ジャンクボンドで一世を風靡したマイケル・ミルケンなどの経営者を輩出した、アメリカ一のビジネス・スクールである。

トランプは、ウォートンで学んだことは、あまり自分の成績に感動しないことと、学位は重要だということだと述べている。

「私に言わせればそんな学位は何の証明にもならない。だが仕事をする相手の多くは、これをいたく尊重する」（同前）

卒業し、父親の下で働きだした。

だが、父の仕事は、トランプには受け容れられないものだった。

労働者たちの街で、家賃を取り立てるのは、危険が多い仕事だった。

「この仕事では、まずい時にまずい家をノックすると、撃たれることがある」

ヴェテランの、取り立て屋が教えてくれた。

窓からゴミを捨てる借家人もいた。

それなのに、利鞘は薄かった。

トランプは、父親を尊敬していたが、一緒に仕事はできない、と思った。

父のようなスタイルではなく、もっと派手な、人を驚かすような仕事がしたい……。

トランプは、自分のショーマンシップは、堅実な父ではなく、母から受け継いだと語っている。

∴

学生時代、友人たちが新聞や漫画を読んでいる傍で、トランプは、連邦住宅局の抵当流れ物件のリストを読みふけっていたという。

そして、在学中に機会を得た。

オハイオ州シンシナティのスウィフトン・ヴィレッジは、千二百戸の住宅団地だったが、八百戸の空家があり、デベロッパーは破産していた。

抵当流れの物件を、政府機関と取引する場合、政府はなるべく早く売ろうとする。典型的な官僚仕事で、とにかく厄介払いをしてしまうことを最優先とし、採算は度外視されていた。

スウィフトン・ヴィレッジは、極端に悪い物件とされていて、誰も入札をしなかった。トランプは、最小限の値付けで入札し、落札した。五十戸を管理するのも、千二百戸を管理するのも、手間はほとんど変わらない、とトランプは言う。しかし、千二百戸の方が、利益は莫大なものになる、と。

団地の住民たちは、建物を傷めていた。

ほとんどの住民が、ケンタッキーからの移住者で、みな酷く貧しく、子沢山で、乱暴だった。

家賃を払わない者も多く、督促するとトレーラーに家財を積み込み、夜逃げした。夜逃げするのはいいが、家賃を払わせなければならない。それで、トランプは、トレーラーを二十四時間監視する仕組みを作り、家賃を払わなければ、トレーラーを差し押さえることにした。

悪質な入居者を一掃した後、質のいい顧客を招くために改装修理をしたが、結局、八十万ドルかかった。当時としては、かなりの巨額だった、とトランプは回想している。

だが、それは価値ある投資だった。

当時、ニューヨークでは、改築しても家賃を値上げすることは禁じられていた。しかし、シンシナティにはそういった法律はなく、高い家賃を要求できたのである。

高い家賃を得るには、物件を常に綺麗にしておかなければならない、とトランプは言う。

廊下にペンキを丁寧に塗り、空室は清潔を保たせ、敷地に造園を施し、新聞に広告を載せた。

管理人の選択には、気をつかった。仮名でアーヴィングとトランプが名づけた男で、きわめて有能だったという。

しかし、保険代理人に調べさせてみると、彼はとんでもないペテン師で、詐欺で何度も検挙されていることが分かった。

けれど、トランプは、アーヴィングを解雇しなかった。

詐欺の重犯というのはいただけないが、アーヴィングが、きわめて有能であることも事実だったからである。

この辺に、トランプという人物の面白さがあると思う。

常識人ではできない判断を、平気でする。

アーヴィングは詐欺師だが、詐欺師の部下たちはけして盗みも詐欺もしないだろう。

トランプは、アーヴィングに、こう言った。

「君の給料は五万ドルと、君がかすめとれるだけの金のすべてだ」

アーヴィングは驚いたふりをしたという。

トランプは、彼が金をかすめていたが、それでも、アーヴィングを雇うことで、かなりの得をしている、と思っていた。アーヴィングに、スウィフトン・ヴィレッジを任せておけば、トランプは顧慮することなく、他のプロジェクトに専念できるからだ。

トランプは、日本をたびたび非難している。
「日本はアメリカを二重に搾取している。あの国は自分たちで使う石油の70パーセントをペルシャ湾沿岸の国から輸入しているが、そのタンカーを護衛しているのはアメリカ海軍だ。そうやって無事日本についた石油が今度はGMやフォードを打ち負かすために使われる。日本は公然とわれわれをバカにした。(中略)日本の科学者は車やVTRを作り、アメリカの科学者は日本を守るためのミサイルを作っている」(『PLAYBOY』一九九〇年五月号)
ところが、インタビュアーが日本人が不動産を買うのも反対なのですね、と問うと様相は一変する。

「まったくバツの悪い話だけど日本人のおかげで利益を得ているからね。日本人を大いに尊敬していると言ってもいい。ただ問題はわれわれが日本で商売しようと思っても不可能に近いことなんだ。日本人はウォール街でアメリカの会社を買い、ニューヨークで不動産を買っている。多分、マンハッタンを自分たちのものにしたいんだな。日本人と競り合っても勝てる見こみはない。どうみても彼らはこちらをコケにするためだけに法外な金額を払っているとしか思えない」(同前)

一九八六年から九一年にいたる、日本の土地と株式が天井しらずに高騰していたバブル経済まっただなかの感慨である。

だが、日本のバブルが弾ける前に、トランプ自身が窮地に陥った。

一九九〇年六月、ニューヨークの銀行筋が、トランプやその側近たちと二千万ドルにのぼる借り入れ金の見直しを行っていることが報じられた。

トランプは、すでに豪華ヨットのトランプ・プリンセス号と、東海岸の大都市を結ぶ航空会社、トランプ・シャトルを手放していた。

さらにこれまでメディアが報じなかった私生活上の問題――糟糠《そうこう》の妻であるイヴァナ夫人との離婚と、愛人マーラ・メイプルズとの浮気が大々的に取り上げられ、起死回生を懸けて膨大な資金を投じた、アトランティックシティのカジノ、タージ・マハールのオープンに、集中することができなくなったのである。

フォーブス誌は、トランプの資産が五億ドルに目減りし、このまま推移すれば、四千万ドル程度の資金不足に追い込まれるだろう、と予測していた。

マンハッタンのウエストサイドの広大な開発用地も、頭痛の種だった。一九八五年に、一億一千五百万ドルで購入した土地に、トランプは世界一高いビルを作る計画だったが、地元の環境保護活動家たちの申し立てにより、プロジェクトは差し止められた。差し止め期間の間、トランプは、毎年千二百万ドル前後の利払いを課せられたのである。

結局、投資の失敗、破綻などによって総額推定九億ドルの負債を抱え、「世界一貧乏な男」という、不名誉な仇名をつけられた。

けれども、トランプは帰ってきた。

一九九七年、フォーブスは、トランプの資産を四億五千万ドルと推定した。

この資産額は、全米四百人の資産家の、ほぼ最下位という位置であるが、一度、「世界一貧乏な男」だった人物としては、なかなかのポジションではないだろうか。

プレイボーイ誌のインタビューに対して、トランプは、こう答えている。

「俺は専門家と称する連中に頼りすぎたんだ。ハーバードやウォートンを出た連中にね。彼らは驚くほど頭が切れるし要領もいい。だが彼らにビジネス感覚がなかったら、一巻の終わりさ。俺はビジネスをそういう連中に任せすぎていたんだ」(『PLAYBOY』一九九七年七月号)

トランプの復活を助けたのは、何といっても、彼自身が作り上げた、ドナルド・トランプという「ブランド」の強さだろう。

ビル・ゲイツは、卓越した経営者ではあるけれど、彼はブランドたりえない。

しかし、「トランプ」の名を冠すると、すべてが輝きだす。もちろん、その成金趣味に眉をひそめる人たちも少なくないだろうが、基本的にアメリカ人は派手好きだし、何といってもアメリカには、一度、敗北を経験しながら、カムバックした人間に対して、敬意をもって拍手をするという文化があるからだ。

その復活を助けた大きな要因が、視聴者参加型番組『アプレンティス（見習い）』でのホスト役であった。

『アプレンティス』は、二十万人ほどの応募者から厳選された男女各八人の参加者が二チームに分かれて、「レモネードの材料の仕入れ」や「旅行代理店の企画」、「イベント運営」といった案件にトライする。そうして、毎週、負けた方のチームが一人ずつ脱落していく、というルールなのだが、その脱落者を指定するのが、トランプの役どころなのだ。

『アプレンティス』は、経営者たちにも好評だった。一流のビジネススクールを、いい成績で卒業しても、現場では役に立たないスタッフは、少なくない。実地で、経営や商売の本質を学ぶことができる、『アプレンティス』は高い評価を得ていた。

実際に、『アプレンティス』の一位をかちとると、トランプから経営者見習いとして一年間、事業を任せられ、二十五万ドルの年収を得られることになっていた。

∴

二〇二一年六月、トランプはノースカロライナ州の大規模集会で演説し、政治活動を再開した。

熱狂する聴衆の姿を見ていると、グローバル化が進んだことによる不平等と格差の社会に多くのアメリカ人が不満を爆発させていることが分かる。

グローバル化する企業は国を超えて巨大化し、小国の国家予算を軽く超える利益を生み出し、強大な力をもって国の政治や経済に介入し、国が国として存在することを困難にしている。増長し続ける資本主義の大浪は超大国アメリカをも呑み込もうとしているのだ。

様々な弊害があったにしろ、トランプの「国を守る」という姿勢は一貫していた。彼はアメリカの敵に対してライフルを向けて威嚇し、時には実弾を放った。

そうしたトランプの復活を望むアメリカ人がいたとしても不思議ではない。

アルワリード・ビン・タラール王子

Al-Walid bin Talal bin Abdul Aziz Al Saud

1955-

大半の日本人にとって、中東は遠い世界だが、日本経済にとって、中東産油国はエネルギー資源の生命線である。何しろ原油輸入の九割を依存しているのだから。

国別原油輸入量をみてみると、二〇一九年度はサウジアラビアが三十四・一パーセントで一位。この国の地下には世界全体の五分の一、約二千七百億バレルの石油が眠っている。日本の年間石油消費量が約二十億バレルであることから換算すると、その石油埋蔵量がどれほど莫大なものかが分かるだろう。

この石油を一手に握っているのが、サウド王家。そもそもサウジアラビアという国名は、「サウド家」が支配する「アラビアの国」という意味なのだ。

サウド王家の中で世界的に注目を浴びている一人の王子がいる。

彼の名前は「HRHアルワリード・ビン・タラール・ビン・アブドルアジズ・アル・サウド」。

正式名は長ったらしいが、普通は「アルワリード王子」で通っている。

なぜ注目を浴びているかといえば、彼は世界の長者番付で、かつてビル・ゲイツに次いで第二位になったこともある億万長者なのだ。

サウジアラビアの石油があるのだから当然だと思われるかもしれないが、アルワリード王子の業種区分は「投資家」である。

二兆円を超えるといわれる莫大な資産のほとんどは投資によって築かれたのである。

現在、サウジアラビアの首都リヤドにそびえ立つ超高層ビル「キングダム・タワー」はアルワリード王子が率いる企業集団「キングダム・ホールディング・カンパニー」の司令塔となっている。

ビルの最上階に、グループの会長である王子の執務室があって、そこから世界中にM&Aの指令が発せられる。

彼の会社の投資ポートフォリオはこうだ。

「まず部門別では銀行など金融機関に対する投資が53%を占めている。その中心となっているのが米国のシティグループに対する投資である。王子は現在シティグループの3・9%の株式を持つ個人では最大の株主である。銀行業の次に投資額が大きいのはホテル業であり、彼は世界的高級ホテルチェーンのフォーシーズンズ・ホテルズ・アンド・リゾーツのオーナーである。

（中略）メディア、通信、ＩＴも彼の重点投資分野の一つである。そこにはニューズ・コーポレーション、タイム・ワーナー、アップル、ヒューレット・パッカード、コダック、モトローラ、アマゾン・ドットコムなど一流企業の名前がずらりと並んでいる」（『アラブの大富豪』前田高行）

サウド家の王子はいかにしてかくも世界的な投資家となったのだろうか。

アルワリードは、一九五五年、サウジアラビアの初代国王の二十一番目の息子であるタラールと、レバノン初代首相の娘モナとの間に生まれた。

由緒正しき血筋であるにもかかわらず、彼はサウド家の主流からはずれていた。

サウド王家のルーツはベドウィン族であり、二十六人いたといわれる初代国王の妻のほとんどもベドウィンの有力部族の娘であった。

ところが、アルワリードの父・タラールの母はアルメニア出身のレバノン人。正統のベドウィンではなかったのだ。

さらにタラールはナセル社会主義政権下のエジプトに一時期亡命していたことがあり、祖国に戻ったものの、一切の政治活動を禁じられ、王位継承権も返上していた。

こうした事情が、後にアルワリードが官界の道を諦める要因となるのである。

幼少の頃に両親が離婚したため、アルワリードはサウジアラビアとレバノンを行き来して暮らすようになる。学校から脱走するなど、精神的に不安定な思春期を過ごしたという。

レバノンで中等教育を終えると、父親の指示でリヤドの陸軍士官学校に入った。その後再びレバノンに戻り、名門のショイファットスクールに入学するも、試験でカンニングをしたとして、卒業目前に退学になってしまう。

母親のはからいで、他の学校で卒業試験は受けられたが、内戦が起こって国内の大学には進学できなくなってしまった。

そこで一九七五年、アメリカのカリフォルニア州サンフランシスコにあるメンロ大学に留学し、経営学を学ぶ。

大学在学中にアルワリードは結婚した。相手は第二代国王サウドの娘で従姉妹のダラル王女。同じ王家の娘との結婚は、サウド家の王子たちにとってはごく普通のことであった。

アルワリードとダラルはアメリカで新婚生活を始め、七八年には長男のハレド王子が誕生した。

翌年、家族とともにサウジアラビアに帰国したアルワリードは自らの意志でビジネスの世界に進むことを決める。

前述したように、正統のベドウィンでなければ、官界での出世が望めないこともあったが、メンロ大学で経営学を修めたことにより、ビジネスに目覚めていたのだ。

父親から三万ドルをもらい、事業を立ち上げたが、二、三ヵ月で資金は底をついた。

そこで、シティバンクが一部を所有していたサウジ・アメリカン銀行から三十万ドルを融資してもらう。

この融資によって、リヤド士官学校の独身寮新築請負工事の受注に成功したアルワリードは、サウド家の王族であることを武器に、次々に公共事業を請け負い、ごく小さなプレハブ小屋から出発した会社は、二年目にして売り上げ十五億ドルの大会社に成長した。

そして、三十万ドルの融資から十年後、倒産の危機に瀕したシティバンクを、今度はアルワリードが六億ドルの出資で救うことになる。

今でもリヤドの執務室の引き出しにはサウジ・アメリカン銀行との借入契約の控えが、巨万の富の原点を示すものとして、大切にしまわれているという。

公共事業で成功したアルワリード王子が次に手掛けたのは外国企業に対するスポンサー事業だった。

サウジアラビアで外国企業が事業活動をするためには、サウジアラビア人をスポンサーとし、官庁の認可などはスポンサーの名前で申請しなければならない。

外国企業にとっては、有力なスポンサーをつかまえることが重要であり、ここにビジネスチャンスを見出したのである。

サウド家の王族という立場を利用すれば、他のスポンサーよりも早く許認可をとりつけることができるにもかかわらず、王子は申請書類を出すために足しげく官庁に通い、熱意をもって仕事に取り組んだ。

また、きっちりと時間を守った。これは時間にルーズなサウジアラビアでは驚嘆すべきことだった。外国企業にとって、約束の時間に相手が来ないなどは普通のこと。居場所を突き止めることも難しい。

ところが、アルワリードは決められた時間を守り、しかも早朝のアポイントメントも厭わなかった。

こうした評判はすぐ外国企業の間に伝わり、多くの事業家が話の通じる相手だと、ビジネスを望むようになった。

結果、一九八三年にはアルワリードの資産の総額は四億五千万ドルになっていた。

∴

しかし、事業家としての野望はこの程度でおさまるものではなかった。

公共事業とスポンサー業で蓄えた資産を元手に、いよいよ投資事業へと乗り出していくことになる。

当時のサウジアラビアでは、不動産や建設業への投資は成功していたが、そうした市場に引っ張り回される投資に甘んじるのではなく、自分が市場の方向を左右しなければならないと、アルワリードは考えた。

投資家としてのスタートから、かくも明確なビジョンを持っていたのである。

まずは銀行が経済のかなめだという基本にたちかえり、倒産寸前のユナイテッド・サウジ・コマーシャル銀行を買収、株式の七パーセントを取得した。

自らの戦略について、アルワリードはこう語っている。

「USCB（ユナイテッド・サウジ・コマーシャル銀行）を買収したのは、それで実業界の中枢に入り込むことができるからだ。銀行にいると何でも見えてくるからね。建設、農業、製造、貿易、商業、何にでも関与することができるからだよ。だから何でも見える台風の目になったんだ——それだけでなく、実業界とのパイプ、プライベートバンキングやコーポレートバンキング、インベストメントバンキングの有力者とのパイプも作れるようになる。そのためには買収がすごく重要だったんだ」（『アラビアのバフェット』リズ・カーン、塩野未佳訳）

単に買収するだけでなく、六百人の従業員を解雇して徹底的なコスト削減を断行し、報奨制度を取り入れるなど、銀行の再建に真剣に取り組んだ。

結果、USCBは買収から二年もたたない一九八八年に黒字転換を果たし、翌年にはサウジアラビアで最も高収益を上げる商業銀行の座を獲得した。

一九九七年には、USCBとサウジ・カイロ銀行（SCB）とを合併させ、ユナイテッド・サウジ銀行（USB）が誕生。その後、同行はサウジアラビア第五位の銀行に成長する。

銀行買収に成功したアルワリードは、次に食品と家畜に目をつける。

サウジアラビア最大のスーパーマーケットチェーンのひとつ、アルアジジア・パンダの株の過半数を取得し、別のスーパーマーケットグループのサボラと合併させた。

当時のアルワリードを知る人たちは、その行動を理解するのに苦しんだという。

王族という立場だけで十分裕福に暮らしていけるのに、どうしてそんなに働くのか——。

彼らはそれまで、一日十四時間も働く王族を見たことがなかったのだ。

∴

シティバンクは世界一流の名門バンクの一つである。

しかし一九八〇年代後半、同行は不動産融資の貸し倒れと、中南米諸国が経済危機に陥ったことで貸し付けが不良債権化するリスクを抱え、経営危機に瀕していた。

一九九〇年になって銀行側は、サウジアラビアの王子が自分たちの株を所有していることを知り投資を打診してきた。

父親や会社の役員たち、周囲の人間全員の反対を押し切り、アルワリードはシティバンクへの投資を決める。

額にして、五億九千万ドル。それは当時の蓄財のおよそ半分にあたっていた。

そうした決断ができたのも、その数年前から、国内ばかりでなく外資系銀行の株を取得すべく調査と研究を続けていたからである。

アルワリードはすでに、シティバンク、チェースマンハッタン、マニュファクチャラーズ、ケミカル銀行、四行の株を所有していたが、最も業績が悪いのがシティバンクだった。

しかし、国際的なブランド力と存在感を評価して、将来性ではいちばんだとみていた。

一九九一年一月、シティバンクと条件面での大筋合意に達し、アルワリードは同行の株十パーセントを取得した。

読みは見事に的中した。

シティバンクは五億九千万ドルの投資によって持ち直し、翌年には株価が上がって、アルワリードの投資資産の総額は七億九千七百万ドルとなった。

さらにその後も株価は上がり続け、莫大な利益をもたらしたのである。

『アラビアのバフェット』の著者、リズ・カーンはアルワリードについて、「この男が億万長者になれたのは、まさに彼にファイナンシャルインテリジェンス、つまりマネーを生み出す知力があったからなのだ」と看破している。


一九九一年に五億九千万ドルの投資でシティバンクを救済したことにより、世界的投資家として注目されるようになったアルワリードはその後、積極的に外国の有名ブランド企業に投資していく。

フランスのジョルジュ・サンクホテル、イギリスのカナリーワーフ、アメリカのニューズ・コーポレーション、ユーロ・ディズニー……。

アルワリードの投資手法は「ボトム・フィッシング」と称される。日本語にすると、「底引き網漁」。

底値と見込んだ優良銘柄を大量に買い取り、業績が回復するのをじっくり待つ。

この「見込む」というところが重要だ。年間一千万ドルもの費用をかけ徹底した企業リサーチを行っているといわれている。

アルワリードはよく働く。自家用ジェット機で世界中を飛び回り、たとえ休暇中であっても、新しい情報を得るや、リヤドのキングダム・ホールディングの幹部に指令を出す。

二十代から五十代まで休みなく働き続け、一代で二百億ドルもの資産を稼いだのだ。

∴

自家用ジェット機ひとつとっても常識を超えている。

以前はボーイング767機を使用していたが、二〇〇七年にはエアバス社の最新鋭旅客機A380を三億ドルで購入、一億ドルをかけて改装し、プライベート機にしている。

定員八百五十人、ミサイル防衛システムも完備しているこのジャンボジェット機は、執務室、ダイニング室、シャワー室、エンターテイメント室などを備えた、まさに「空飛ぶ宮殿」である。

もちろん、ヨットも所有している。

「キングダム5-KR」号。

KとRは、自分の子供たち、ハレド王子とリーム王女の頭文字をとっている。

ヨットとはいえ、全長八十三メートル、ヘリポート付きの大型船舶だ。

「船長によると、三四人ほどのクルーが一年中待機しているが、操船中はヘリコプターの操縦士を含めて三八人になるという。（中略）一日に一〇〇〇リットル（二五〇ガロンを少しオーバーする量）の燃料を消費し、最高速度は六〇ノット、しかも一五ノットでほぼ八〇四六キロメートル——大西洋を横断して、また戻ってこられる距離——を快適にクルーズできるのである」（同前）

このヨットはそもそもブルネイ王国のハッサン・ボルキア国王の所有であったが、その後、億万長者の武器商人、アドナン・カショーギの手に渡り、さらにその後アメリカの不動産王ドナルド・トランプの所有となった。

トランプが維持費がかかりすぎるとして、アルワリードに売却したのだ。

アルワリードの家族はハレド王子とリーム王女二人だけである。

二人の母親であるダラル王女とは一九九四年に離婚している。

二年後、イマン・スデイリ王女と再婚したが一年しか続かなかった。

一九九九年には、息子と一歳しか違わない二十二歳のホルードという女性と結婚。彼女は王族ではなかったが、妻としてアルワリードに尽くし、ビジネスの手助けもした。しかし、この結婚も五年で終焉を迎えた。

いずれも、アルワリードの仕事漬けの多忙な生活が原因といわれている。

アルワリードの住む豪邸はリヤドにある。

「4万3000平方メートルの敷地内には屋内プールと屋外プール、45名収容のミニシアター、テニスコート、ボウリング場などがあり、建物の部屋数は300以上、エレベータ12基、テレビ500台、電話機400台が備えられている。厨房では一度に1000人の食事を作ることができる」（『アラブの大富豪』）

∴

キングダム・ホールディング社の重要事業部門の一つに「慈善事業」がある。

イスラムの教えの一つに「喜捨」というものがあり、富める者が貧しい者に富を分け与えることは義務とされ、アルワリードはこれを熱心に行っている。

貧困層向けの住宅を十年間で一万戸建設する計画を打ち出し、現在進行中。また、援助を求める千人もの庶民を自宅、あるいは週末を過ごす砂漠のキャンプに招いて、嘆願を聞き入れる機会を設けている。貧民街に自ら赴き、現金が入った封筒を手渡して回ることもあるという。

国内で起きた洪水地域には車千台を寄付した。

メセナ活動にも積極的で、ルーヴル美術館に毎年一億ドルを出資し、同館のイスラム美術部門の運営には多額の寄付を行っている。

さらにアルワリードは、アラブの民主化について肯定的な発言をし、自ら行動している。

例えば、「女性の重用」である。

アルワリードの宮殿や会社で働くスタッフの大半は女性である。サウジアラビアでは女性は公の場で髪や肌を隠すことを義務づけられているが、アルワリードのスタッフは伝統的な衣装ではなく、デザイナーズ・ブランドの服を着て、仕事をしている。

彼女たちには半年に百万円の被服手当が支給されるという。

宮廷政治にも批判的で、ニューヨークタイムズに「アラブの指導者は改革に踏み出せ」と寄稿したこともある。

∴

二〇一七年十一月、アルワリード王子は汚職容疑で拘束された。

拘束されたのは彼ばかりでなく、王族や現職の閣僚合わせて二百人に上った。拘束を行ったのは次期国王と目されている、ムハンマド・ビン・サルマン皇太子である。

ムハンマドはサウジアラビアのジャーナリスト、ジャマル・カショジをトルコで暗殺する指示をした疑惑を持たれている。カショジは王族を批判する記事を書いていた。

次期国王が自国のジャーナリストの暗殺を指示するなどとうてい許されない話ではあるが、疑惑の最中にあってもムハンマドは堂々と国際社会の舞台にサウジの代表として立ち続けている。

サウジアラビアの課題は脱石油だ。石油にたよりきっている経済を多様化させなければならないのだが、さすがにそれを自分の力だけで行うのは無理だと分かったのだろう。

投資家として国際的な知名度と信頼のあるアルワリード王子を釈放し、世界の企業幹部らを招いた二〇一八年のサウジのビジネス会議に出席させた。

拘束を解かれて以降のアルワリードはムハンマドから様々な形で制約を受けているようだが、石油に頼らない新しいサウジアラビアの実現に彼の存在が不可欠であることは間違いない。

おわりに

どうして人は金持ちの話が好きなのだろうか。

この本は週刊誌の連載が元になっているが、そもそも連載が始まったきっかけは、担当編集者の「金持ちの話は読者のうけがいい」の一言だった。

今や週刊誌の中心読者層は六十代~七十代である。

すでに定年を迎えた人たちが、なぜ金持ちの話に興味を持つのか——。

自分がかなえられなかった夢をそこに見るのだろうか。あるいは、まだまだこれから自分も金持ちになるぞという気持ちがあるのだろうか。

そうした私情は抜きにしても、また年齢層に関係なく、金持ちの話には立身伝の面白さがある。

『19-20世紀篇』『20-21世紀篇』で合わせて四十三人の富豪を取り上げたが、その大半は貧しい家の出だった。

アメリカの富の象徴的存在ともいえるジョン・D・ロックフェラーは行商人の子、自動車王ヘンリー・フォードの父はアイルランドからの移民、ココ・シャネルは孤児院育ち、ベーブ・

ルースは少年工業学校で野球を覚えた。

日本に目を転じても、経営の神様、松下幸之助の父は米相場で失敗して破産、炭鉱王、上田清次郎の家は福岡の貧農、田中角栄が家の貧しさゆえに小学校しか出ていない話は有名である。

こうした生まれのハンディキャップをものともせず、あるいはバネにして、徒手空拳で社会を渡り歩き、常識を覆す発想で底辺からはるかな高みにまで登りつめた富豪たちの成功物語は痛快である。

九歳で火鉢店に丁稚奉公に出された松下幸之助が九十四歳で亡くなった時、その遺産は二千四百四十九億円だった。

社会規範に縛られて息苦しい思いをしている多くの人たちは、こうした富豪たちの話に、人間も世の中も捨てたものではないと希望を見出すことだろう。

しかし、二十一世紀に入って、富豪の様相は大きく変化した。

今や世界の大富豪は炭坑や油田の持ち主でもなければ、自動車会社や電機メーカーの社長でもなく、世界的ブランドのデザイナーでも天才画家でもない。

GAFAを代表とするIT企業の経営者たちである。

彼らの資産たるや凄まじいの一言で、アマゾンの創業者で先頃アマゾンのCEOを退任したジェフ・ベゾスの純資産は二千九十二億アメリカドルといわれている。

GAFAの創業者が全員アメリカ人であることに、アメリカという国の性質が現れている。

第二次世界大戦後、アメリカは資本主義を世界に広めてきた。

資本主義は資本家が労働者から労働力を商品として買い取り、商品生産を行う経済体制である。そこには当然不平等が生まれるが、それは持つ者と持たざる者の当然の差として、アメリカは不平等に対して寛容だった。

ところが二十一世紀になって、その不平等がアメリカ人も想像しなかった形で現実化してしまったのだ。

富める者はますます富み、貧しい者はますます貧しくなっていく。この格差の広がりが、GAFAの経営者の純資産の大きさに端的に現れている。

自由競争の中で勝ち得たものなのだから、いいじゃないかと思うかもしれないが、GAFAの創業者たちに貧しい家の出身者はいない。ラリー・ペイジの父親は大学教授、マーク・ザッカーバーグの両親は医師、ジェフ・ベゾスとスティーブ・ジョブズの家はそれほど裕福ではなかったが、教育には熱心で、とにかく四人とも大学卒である。

つまり、二十一世紀においては、十九世紀、二十世紀に存在したような、正規の教育を受けていないけれど、才能によって富を築き上げる人間が現れる可能性はほとんどなくなったということなのだ。

これは経済界に限ったことではない。スポーツ界を見ても、例えばアメリカの大リーグで活躍している選手のほとんどは子供の頃からリトルリーグなどで英才教育を受けてきた者ばかりである。

人生のスタートにおけるハンディは一生続き、それどころか子供や孫の代までも影響が及ぶ。

二十一世紀とはそういう時代である。猛進する資本主義はアダム・スミスが言うところの「神の手」すら届かない域にまで達してしまったのだ。

しかし、そうした現実を前にしてもまだ、私は人間の可能性を信じている。

何といっても人間は面白い。

この本で取り上げた四十三人を見ても、どうしてこのような生き方があり得たのか、という人間たちばかりである。

十九世紀や二十世紀が今より生きやすい時代であったわけではない。今以上に激しい差別、大きな戦争といった、困難があった。

しかし、彼らはその時代を生き抜き、しかも大きな財産、金銭に限らない大きな財産を後世に残した。

きっと二十一世紀にも時代の常識を軽々と爆破するような、驚くべき人間が登場してくれることだろう。

本来ならかなり浩瀚な評伝をもって取り組まなければならない偉材ばかりの四十三人だが、人生の素描という形で、彼らの人間としての大きさ、そして彼らが生きた時代の空気が伝わってくれたら、嬉しい。

単行本化にあたっては、草思社の渡邉大介さんにお世話になった。日本人、外国人が混在し、業界も広範にわたる内容を、登場人物を生年順に並べることで、時間的な連続性をもって読める構成にまとめてくれた。この場を借りて感謝を申し上げたい。

二〇二一年八月

福田和也

参考文献

『週刊文春』一九七八年九月二十八日号
『仕事の夢　暮しの夢』松下幸之助（ＰＨＰ文庫）
『私の行き方　考え方』松下幸之助（ＰＨＰ文庫）
『ベーブ・ルース物語』ボブ・コンシダイン、朝日新聞社訳（朝日新聞社）
『愛一郎物語』小竹即一（政経社）
『私の履歴書　経済人２』（日本経済新聞社）
『新潮45』一九九三年十月号
『政治わが道　藤山愛一郎回想録』藤山愛一郎（朝日新聞社）
『自伝　波乱を生きる』是川銀蔵（講談社）
『最後の相場師　是川銀蔵』木下厚（彩図社）
『エンツォ・フェラーリ　Ｆ１の帝王と呼ばれた男』ブロック・イェイツ、桜井淑敏訳（集英社）
『フェラーリ　赤い帝国』ジョー　ホンダ（ＫＫベストセラーズ）
『潮』一九八三年四月号、五月号
『青春の門　筑豊篇』五木寛之（講談社文庫）
『下駄で歩いた巴里』林芙美子（岩波文庫）
『檀一雄全集　第七巻』（沖積舎）
『川端康成全集　第二十九巻』（新潮社）
『スピードに生きる』本田宗一郎（実業之日本社）
『本田宗一郎　思うままに生きろ』梶原一明（講談社）
『転んでもただでは起きるな！　定本・安藤百福』安藤百福発明記念館編（中公文庫）
『魔法のラーメン発明物語　私の履歴書』安藤百福（日経ビジネス人文庫）
『麻生太吉翁伝』麻生太吉翁伝刊行会編（大空社）
『プレジデント』一九九〇年八月号
『宝石』一九七四年二月号
『わたくしの少年時代』田中角栄（講談社）
『田中角栄』早野透（中公新書）
『熱情』辻和子（講談社）
『角栄とともに生きた女』大下英治（講談社＋α文庫）
『だから政治家は嫌われる』村上正邦（小学館）
『田中角栄研究　全記録（上）』『田中角栄研究　全記録（下）』立花隆（講談社）
『汚名』鈴木宗男（講談社）
『力道山をめぐる体験』小林正幸（風塵社）
『力道山』岡村正史（ミネルヴァ書房）
『伝記　ウォーホル』フレッド・ローレンス・ガイル

ズ、野中邦子訳（文藝春秋）
『People America　人物アメリカ史⑧ 激動の現代』下村満子、常磐新平、猿谷要、枝川公一、生島治郎、村上龍、筑紫哲也、池田満寿夫（綜合社）
『さよなら、アンディ　ウォーホルの60年代』ウルトラ・ヴァイオレット、入江直之・金子由美訳（平凡社）
『あほやなあ　喜劇役者の悲しい自伝』藤山寛美（光文社）
『オードリー・ヘップバーン物語（上）』『オードリー・ヘップバーン物語（下）』バリー・パリス、永井淳訳（集英社文庫）
『オードリー・ヘプバーン』ダイアナ・メイチック、藤井留美訳（福武書店）
『オードリー・ヘップバーン　妖精の秘密』ベルトラン・メイエ＝スタブレ、藤野邦夫訳（風媒社）
『オードリー・ヘップバーンという生き方』山口路子（新人物往来社）
『俺　勝新太郎』勝新太郎（廣済堂文庫）
『宇野信夫戯曲選集2』（青蛙房）
『私論・勝新太郎』市山隆一（講談社）
『昭和キャバレー秘史』福富太郎（河出書房新社）
『北朝鮮に消えた女』野田峯雄（ＪＩＣＣ出版局）
『エルヴィス・プレスリー　世界を変えた男』東理夫（文春新書）
『エルヴィス・プレスリー』ボビー・アン・メイソン、外岡尚美訳（岩波書店）
『わが実証人生　三五〇年を生きた一人の男　その酒と女と経営人生』大塚正士（有光出版）
『Forbes』二〇〇〇年九月号
『日経ビジネス』二〇〇三年九月二十九日号
『トランプ自伝』ドナルド・トランプ＆トニー・シュウォーツ、相原真理子訳（ちくま文庫）
『PLAYBOY』一九九〇年五月号、一九九七年七月号
『アラブの大富豪』前田高行（新潮新書）
『アラビアのバフェット』リズ・カーン、塩野未佳訳（パンローリング）

本書は、『週刊現代』二〇一二年九月八日号～二〇一五年八月十五・二十二日合併号に連載された「蕩尽の快楽　世界大富豪列伝」を構成し直したものである。

福田和也（ふくだ かずや）

1960年、東京都生まれ。批評家。慶應義塾大学環境情報学部教授。慶應義塾大学大学院修士課程修了。1993年『日本の家郷』で三島由紀夫賞、1996年『甘美な人生』で平林たい子文学賞、2002年『地ひらく　石原莞爾と昭和の夢』で山本七平賞、2006年『悪女の美食術』で講談社エッセイ賞を受賞。著書に、『福田和也コレクション1　本を読む、乱世を生きる』、『教養脳　自分を鍛える最強の10冊』ほか多数。

世界大富豪列伝《せかいだいふごうれつでん》　20-21世紀篇《せいきへん》

2021年9月7日　第1刷発行

著者　福田和也《ふくだかずや》
装幀者　水戸部 功
発行者　藤田 博
発行所　株式会社草思社
〒160-0022
東京都新宿区新宿1-10-1
電話　営業　03(4580)7676
編集　03(4580)7680

本文組版　株式会社アジュール
本文印刷　株式会社三陽社
付物印刷　株式会社暁印刷
製本所　加藤製本株式会社

ISBN978-4-7942-2519-1　Printed in Japan　検印省略